周易文化讲论

刘大钧 主编

《周易》与中国文化

杨亚利 著

生活·讀書·新知 三联书店

图书在版编目（CIP）数据

《周易》与中国文化 / 杨亚利著. —北京：生活·读书·新知三联书店，2018.5
（周易文化讲论）

ISBN 978-7-108-06176-8

Ⅰ. ①周… Ⅱ. ①杨… Ⅲ. ①《周易》-研究 ②中华文化-研究 Ⅳ. ①B221.5 ②K203

中国版本图书馆 CIP 数据核字（2018）第 017022 号

责任编辑 韩瑞华
封面设计 刘 俊
责任印制 黄雪明
出版发行 生活·讀書·新知 三联书店
（北京市东城区美术馆东街 22 号）
邮 编 100010
印 刷 四川省南方印务有限公司
排 版 成都勤慧彩色制版印务有限公司
版 次 2018 年 5 月第 1 版
2018 年 5 月第 1 次印刷
开 本 185 毫米×130 毫米 1/32 印张 9.25
字 数 110 千字
定 价 35.00 元

总　序

一百余年前，以天朝自诩的清朝政府，经鸦片战争至甲午海战，每战必败，接之而来的是割地赔款，签订不平等条约。面对国运多舛、国人受侮，当时先进的知识分子在激愤之下，错误地将矛头对准以儒家为核心的中国传统文化，一时极尽羞辱之能事。如时人吴稚晖提出要把“国故”丢到“茅厕”里，而钱玄同等一众学者要求全面废除汉字。如此种种，千年“斯文”此时似乎真要“扫地”矣。且此种批判风气蔓延至学术研究领域，学者治学也多受此情绪影响，因而失去作为学者对学术研究的客观与公正的态度。以

《周易》为例，为否定孔子与《周易》的关系，对《论语》中孔子“加我数年，五十以学《易》，可以无大过矣”一语，利用《鲁论》之“易”为“亦”字，改句读为“加我数年，五十以学，亦可以无大过矣”，证明孔子与《易》根本没有关系。为证明《周易》晚出，宣称《左传》中的占筮资料是刘歆割裂《师春》插入其中的伪作。20 世纪 40 年代，更有人注疏《周易》经文，对《周易》经文中六十四卦前所标注的六十四卦卦象，对《易传》所云“易者，象也；象也者，像也”等有关易象的重要论述，皆全然不理。在不做任何学理论证的情况下，将由春秋战国延续至两汉魏晋的象数易学研究成果全部弃之不用，而纯以文字训诂解《易》。因为此种解释离开了“观象系辞”的宗旨，且古时字少，一字可与多字通假，因而使其训诂之解变成了一根“点石成金”的魔术棒，如解《易》之“亢龙有悔”为“沆龙有悔”，解“有孚惠心”之“孚”为俘虏等。此种论说早已不是平和客观的研究，更兼之对《周易》

经文常以己意随便改动。古人著书是为存史，今人却如此迂曲以否定之，真可谓“尽不信书则不如无书”也。这些以反传统自居的人，固然以激昂的斗志示人，但其内心，却是作为中国人面对积贫积弱现实的深深的文化自卑。也正是这种文化自卑心理，使当时顶尖级的学者不敢确认中国文化的长度和高度，弃典籍而“疑古过勇”。新文化运动对现代中国的文化转型虽然起到了积极的作用，但在约一个多甲子的时间里，传统文化还是受到很大冲击，尤其是经学研究，多被贴上负面标签，处于文化边缘。

《易传·序卦》曰：“物不可以终尽剥，穷上反下，故受之以复。”万事万物在最低潮之时，往往孕育着崛起的曙光。在20世纪最后三十年，传统文化终于迎来了其否泰运转之数。20世纪70年代前后，随着“亚洲四小龙”的崛起，部分国人发现由儒家文化传统一样能开发出现代文明，实现富国强兵。因而由70年代末至80年代，中国传统文化开始复兴，学者们重新认识与评价孔子，开辟学术园地，研究传统经典，在“果行育德”中宣讲中国传统文化。当此“屯起”之时，参与其中的学者们多有“致命遂志”之信念，怀着对传统文化的自觉与自信，承担起学人们的历史使命。在“君子以经纶”的求索中，逐渐有了中国传统文化全面复兴的良好形势。到90年代，随着学术队伍的壮大、民间人士的响应，传统文化的发展成为一种潮流，从20世纪初至六七十年代，一直被不屑、被轻视、被批判的古老“国学”竟重新“流行”！其实，传统文化复兴的根本原因，还是随着改革开放而形成的经济发展与国运昌盛。中华民族在崛起中汲取了传统文化的德性营养，进而随着国力的全面提升，民族自信和文化自信亦一步步恢复，人们对“疑古过勇”者的批判愈加明确，也愈加要求优秀传统文化参与国家和民族的崛起，实现文化层面的民族自信。故近年来传统文化重新走向庙堂，并成为中国特色社会主义文化的源泉，成为中国文化自信的根基。

历经百余年的波折，现在我们对于传统文化，已经有了比较成熟的态度。一方面，传统文化决不可丢弃，而应努力弘扬。《易·贲卦·彖传》云："观乎天文，以察时变；观乎人文，以化成天下。"文化与天下相系，何其重要！而现代文明体系中的民族与国家，也都是以各自文化为根本标志，传统文化是一个国家与民族的灵魂。若我们当真"全盘西化"，抛弃传统，则何以能名为"中国人"与"中华民族"？民国初年部分人的文化自卑心态，其根本原因是出于知识分子对国家贫弱的痛心与激愤，但历史的发展已经澄清，贫弱或富强绝不能简单地与中西文化之优劣画等号。因此，我们应怀着骄傲，确立我们的民族文化自信，更加努力地传承与弘扬优秀传统文化，以助力国家的全面复兴与强大。另一方面，承继传统文化绝不意味着固守。全然守旧的老路是走不通的，对传统文化要进行深入的研究，批判剔除其中的消极内容；同时应着眼现代文明，结合当前现实，努力由"旧识"开出"新知"。《诗·大雅·文王》云："周虽旧邦，其命维新。"冯友兰先生尝引之以期许国家的前途，而此亦是我们对中国传统文化的期许。在传统文化中，《周易》兼有源头与总括的性质。《周易》是中国最古老的典籍之一，它极天地之渊蕴，究人事之终始，开中国文化之源，影响了先秦诸子与历代学术思想。《周易》又是中国文化的最高典籍，两汉时为群经之首，魏晋时为三玄之冠，宋明时为理学之基；迄于近代，亦是中国学术转型的重要根据。近代著名学者，如熊十力、马一浮等先生，俱以大易为最高旨归，而致力于开辟当代新学。《周易》还关涉中国古代的一切文化现象，正如《四库全书总目提要》所总结的："易道广大，无所不包，旁及天文、地理、乐律、兵法、韵学、算术，以逮方外之炉火，皆可援易以为说。"更为突出的是，《周易》文化在海外有很大的影响，如莱布尼茨、荣格等西方学者胥受《易》之影响进而推崇《周易》，而韩国则径取太极八卦之象作为国旗。一言以蔽之，《周易》是中国优秀传统文化中的璀璨代表，在世界文化中占有重要地位，自古至今都有其独特的魅力与重要的影响，我们应下大力气继承与弘扬。

“周易文化讲论”丛书的策划，是受国家汉办前主任许琳的嘱托，她说：一门学问的研究，深入不容易，浅出往往更难，你们能不能用当代人的视角，以显明易懂的文字，对《周易》中当前人们关注的基本精神和核心内容，向读者做一个介绍？为此，经反复讨论，我们既着眼于《周易》文化的传承与弘扬，又针对当下之文化关切，选取了十个主题对《周易》文化进行讲解。“周易文化讲论”丛书包括了三个部分的内容：

第一，总论一讲。“《周易》与中国文化”一题中，作者系统梳理了《周易》的基本精神、核心内容与主要特质；并由《易》与儒释道的关系，确认《周易》在中国传统文化中的重要地位。另外，作者又从中国文化的总体视野入手，简明扼要地介绍了《易》与中医、气功、天文气象、风水术、音乐、兵学、音韵学、数学、炼丹术等传统文化的密切关系，展现了《周易》的文化广度。

理历代文学作品中对《周易》的广泛引用；又从文学批评出发，分析了《周易》哲学对中国文学理论的深刻影响。值得一提的是，作者在当代文学部分，用了相当篇幅介绍金庸武侠小说与《易》的关系。对金庸所用到的武功名称、招式名称、武术思想等，进行了较为细致的分析，揭示了其背后的易学理论。通过对当代流行元素的关切，极大增强了全书的可读性与趣味性。读史释《易》，向来是一个讲《易》的传统命题。“《周易》与史学”一题中，作者一方面由《易》观史，梳理《周易》经传中的历史故事与社会史资料，分析《周易》哲学对中国史学的影响；一方面由史观《易》，梳理史书中的易学资料与易学家，并举例探讨了历代史学大家的史学与易学思想。按易学与史学，自古至今联系密切：在古代突出表现为“以史治易”，古人常常用历史故事来注解《周易》，以参证《易》之思想，故有史事宗之易学；在近现代则突出表现为以《易》治史，一批学者受新史学影响，鼓吹“六经皆史料”，热衷于在《周易》经传中考察古代历史故事与社会史资料，取得了一些成绩。读者通过本书，当可大体了解史学与易学的深厚渊源。

第三，《周易》文化自身四讲。我们选取四个主题，由不同角度，详说《周易》文化自身的丰富内涵。“《周易》智慧”一题中，作者从具体卦爻出发，深入卦爻所象征的宇宙时空之具体情境，揭示个体生命在不同“时”中当效法取用的处世智慧。通过本讲，读者一方面可了解践行这些处世智慧，一方面可学习《周易》经传的解读方法。更为重要的是，作者针对人人皆身处祸福的考验与纠缠之中、关注命运而祈福避祸的现实，撰“吉凶之间求福避祸”一章，介绍《周易》预测吉凶悔吝、指导趋吉避凶的方法，介绍中国古代理性务实、不信仰鬼神的选择，介绍孔子阐发易理、观《周易》德义之道的方向。现实社会中，人们的生活节奏很快，经常身处多种选择、祸福不定的境遇之中，故而热切地希望管窥自己的命运。作者此章所介绍求福避祸、德义之道等关于命运的智慧，对读者思考命运问题、提升自我的生活质量，当有启发意义。“《周易》与人和之道”一题中，作者针对“和谐”的时代主题，由《同人》《睽》两卦，阐发《周易》所揭示的人际和谐之理想和原则；进而由具体的夫妇、父子、朋友、上下之关系入手，阐发《周易》中的和谐智慧。作者尤其详细考察了《周易》关于君民和谐的论述，深度发掘其中的民本思想，颇有新意，且对政治实践有一定的借鉴意义。“《周易》的思维方式”一题中，作者以现代文明与中西比较之视域，贯通《周易》经传，探讨《周易》中的思维方式：从内容上讲，有阴阳和谐、广业利世、应时鼎革等思维；从形式上讲，有形象、运数、直觉、逻辑、辩证等思维。通过“思维”这一当代学术的角度，展现了《周易》文化的鲜明特征和独特魅力，也展现出中国文化的特色。其中，作者探讨广业利世之思维，认为《周易》德与业并提、义与利并重，推崇“修业”“广业”“大业”，主张“利者，义之和”“利物足以和义”。

这对于我们纠正易学史中对广业利世的轻视，全面了解易学思想有一定的价值。“易学简史”一题中，作者以古代易学发展历史为主要线索，对各时期易学的主要派别、人物、学说进行介绍，勾勒出了易学发展的基本轮廓和大致格局。此讲可为读者阅读本套丛书，提供必要的易学基础。总之，《系辞传》赞易“广矣大矣”，由以上十题涉及之内容，亦可见一斑也。

鄙人认为，“周易文化讲论”丛书整体而言有以下几点特色：其一，多能本于新资料，介绍学术前沿，以匡正前人之偏失。如前文提到民国以来否定孔子与《易》之关系的疑古学说影响甚大，故“周易文化讲论”丛书在多处介绍了学界对于孔子与《易》关系问题的新结论。马王堆帛书《易传》的出土为此问题提供了极为珍贵的资料，其《要》篇载有孔子读《易》“居则在席，行则在橐”的情状，显然孔子不可能与《易》无关。在帛书《易传》中，孔子对自己的易学思想有充分的自觉，强调其真正重视的是“观其德义”的道德之途，而与史巫不同；孔子“德义”之途的思想，正与《易传》的主旨一致，故学界多确认《易传》是“孔子及其后学阐释和发挥《周易》古经而成”。这些材料与结论，可直接廓清民国以来否认孔子读《易》赞《易》的疑古风气，对于我们追溯文化脉络、挺立文化自信至关重要。其二，由现代文明之视域，尝试赋予《周易》文化以契合当下现实的解说。如丛书中反复论说《周易》中“德”之重要性，尤其由《中孚》卦、由孚信之义，可见《周易》对为人处世中“诚信”道德的重视。“周易文化讲论”丛书对传统易理的这一解释与强调，实有重要现实意义：市场经济是现代文明的重要特征，改革开放后，在商品经济浪潮中，不少人功利心太过，唯利是图，完全丢掉了诚信观念，丢掉了道德意识，甚至不惜违法。圣人云“君子忧道不忧贫”，真正的君子先存道后谋利，但在我们周围，这样的君子实在太少！我们热切希望读者中能有更多诚信守道之君子，从而扭转当下偏失的社会风气。其三，作为面向大众的文化读物，“周易文化讲论”丛书注意行文之通俗，避免艰涩深奥之辞，以适合文化的普及功用。

总之，本套“周易文化讲论”丛书兼备前沿性、时代性、通俗性等特点，我们希冀其在《周易》与中国传统文化的继承与弘扬方面，能发挥出一定价值。因为《周易》一书中包含的深奥易理和精微哲思，使其成为一部“书不尽言，言不尽意”之书，因而它凭借八卦与六十四卦卦象，“立象以尽意，设卦以尽情伪”。我们这套丛书所展示的，只是近三十余年来人们从现代文化的视角出发，贯通、探讨的《周易》经传中的人生智慧与思维方式。相信再过三十年，乃至一百年、二百年，随着我们生活内容的日益丰富与文化境界的不断提高，人们在岁月的流逝中将通过各种外显的八卦符号与内应的五行生克机理，寻求认识世界与把握世界的新方式。因而，《周易》将成为人们认识与改造世界、丰富自身文化发展的永恒研究母题与研究主题。而类似今日我们阐释

《周易》的这种丛书，今后将被一代又一代的后人不断推出，从而成为人们不断总结过去、改变现在、瞻视未来的创新动力。

本序之作，恰逢党的十九大胜利召开。十九大报告对文化非常重视，提出要“增强文化自信”“文化自信是一个国家、一个民族发展中更基本、更深沉、更持久的力量”，要“推动中华优秀传统文化创造性转化、创新性发展”。我们当初设计这套丛书的想法，正响应了十九大报告的新思维，这使我们甚感欣慰，故略呈拙文如上，是以为序。

刘大钧

丁酉年小雪于运乾书斋

目　录

绪　论

在浩如烟海的中国古代典籍中，哪一部典籍最能代表中国传统文化呢？只有《周易》。《周易》是儒家重要经典之一。易有变易（穷究事理变化）、简易（执简驭繁）、不易（永恒不变）三义，相传为周人所作，故名，包括《周易》古经和《易传》两部分。

《周易》古经主要是六十四卦和三百八十四爻，作为占卜之用。《易传》包括解释卦辞、爻辞的文辞共十篇。《周易》通过八卦的形式，推测自然和社会的变化，提出了一些富有朴素辩证法的观点，被誉为“群经之首，大道之源”，是我国传统思想文化中的瑰宝，对中华传统文化的形成和发展有深远影响。

《周易》与《圣经》①、《古兰经》②、《吠陀经》③，号称世界的四大元典。

《周易》是一部什么书呢？有人说是占筮之书，有人说是哲学著作，有人说是政治百科，有人说是道德规范，有人说是人生指南，有人说是历史学。这些说法从不同侧面揭示了《周易》的内涵和性质。“易道广大，无所不备”，只有多角

---

① 《圣经》是基督教的经典，包括《旧约全书》《新约全书》。基督教与佛教、伊斯兰教并称为世界三大宗教，信仰上帝，奉耶稣为救世主。公元1世纪起源于巴勒斯坦，8世纪分裂为天主教和东正教，16世纪又分裂为许多新教派，统称新教。

② 古兰,意为“诵读”或“读物”。《古兰经》为伊斯兰教最高、最根本的经典，共114章，凡30卷。

③ 吠陀，是梵文Veda的音译，旧译“毗陀”“皮陀”“韦陀”“辟陀”等。《吠陀经》是婆罗门教、印度教最古经典。相传古代仙人受神的启示而诵出，最后由广博整理而成，用古梵文写成，主要是对神的赞歌、祭词、咒词等，流传于印度西北部。最古的吠陀本集有四部：《梨俱吠陀》《耶柔吠陀》《娑摩吠陀》《阿闼婆吠陀》。

度地学习、审视《周易》，才能更全面而系统地掌握、理解它。因此本书将从宏观（主要是义理）和微观（主要是象数）两个角度，系统梳理介绍《周易》的基本精神、主要特质以及在整个中国传统文化中的重要地位。

第一章　《周易》集中体现了传统文化的基本精神和特质

一、《周易》是中华民族的精神现象学

哲学家冯友兰（1895—1990）先生说，一部《周易》，就是中华民族的精神现象学。这是因为《周易》这部书，深刻体现了中华民族精神文化发生、成长、定型的整个历史。一个民族要有精神，没有精神的凝聚力，没有文化的认同，这个民族就不能称为统一的民族。而民族的精神不是静态

的东西，也不是谁规定下来的，它有一个发生、发展的历史过程。在中国，《周易》这本书恰恰完整地表现了这个过程。

《周易》之所以能数千年不衰，其中的奥秘在哪里呢？正如中国中医科学院研究生院教授杨力先生所言：

> 三千年的《周易》正当中国六千年文明史的中点，易理发挥了承前启后的枢纽作用，使古代文明和现代文明有机结合起来，沟通了中国文化的命脉，有力促进了中国文化的发展。易文化，是中国历史上历时最长、影响最深、流传最广的文化现象。①

中国文化开始的三千年有三次集大成：

第一次集大成，形成于以仰韶文化及龙山文化为代表的新石器时期，是对中国原始文化的总

① 杨力：《杨力讲易经》，北京科学技术出版社，2008年，第41—42页。

结。根据《系辞》的记载，伏羲氏[①]仰观俯察，远取近譬，发明八卦，并根据《离》卦的原理制造了网罟，开创了渔猎时代。伏羲之后，神农氏[②]根据《益》卦的原理制造了耒耜，开创了农业时代。神农还根据《噬嗑》卦的原理开展贸易活动，开创了商品交换时代。神农之后，黄帝[③]、尧[④]、

---

① 伏羲，也称宓羲、庖牺，古代传说中的三皇之一。相传其始画八卦，又教民渔猎畜牧。

② 神农氏，传说中的我国古代帝王，三皇五帝的三皇之一。三皇通常指伏羲、燧人、神农；五帝通常指黄帝、颛顼、帝喾、唐尧、虞舜。

③ 黄帝，传说中我国中原各族的共同祖先。姬姓，号轩辕氏、有熊氏。少典之子。相传他率领各部落先后打败炎帝、蚩尤，并征服东夷、九黎族，被拥为部落联盟领袖，成为我国远古时代华夏民族的共主。黄帝以土为德，土色黄，故称。

④ 尧，名放勋，古唐国（今山西临汾尧都区）人，13岁辅佐兄挚，封于陶地，15岁改封于唐地，故号陶唐氏，史称唐尧。尧执政时命羲氏、和氏测定推求历法，制定四时成岁，为百姓颁授农耕时令，测定出了春分、夏至、秋分、冬至。

舜[1]根据《涣》卦原理发明舟楫，根据《随》卦原理驯服牛马，根据《豫》卦原理发明门窗与更梆，根据《小过》卦原理发明杵臼，根据《睽》卦原理发明弓矢，根据《大壮》卦原理发明宫室，根据《大过》卦原理发明棺椁，根据《夬》卦原理发明书契，尤其是根据《乾》《坤》二卦的原理发明衣裳而使天下大治，开创了手工业时代。据此而论，易学真可谓中华民族最古老、最重要的学术了。易学简直无所不能，似乎成了上古文化的总汇。

第二次集大成，是商周甲骨文的出现，它是夏商周青铜文化的结晶。甲骨文是商周时期刻在龟甲兽骨上记录占卜的文字。1899 年以来，河南安阳小屯村的殷墟遗址先后出土了十余万片刻有文字的甲骨，这些文字都是与占卜有关的记事文字，为盘庚迁殷到商纣灭亡 273 年的遗物，是研

① 舜，传说中父系氏族社会后期部落联盟领袖。姚姓，名重华，号有虞氏，又称“虞舜”。受尧的“禅让”而称帝于天下，其国号为“有虞”。

甲骨文

究商周社会历史的重要资料。文字结构渐由独体趋向合体，而且出现了大批的形声字。在可识的汉字中，甲骨文是最早的文字体系。近年来在陕西扶风、岐山一带的周原等地发现了一些商周时代的甲骨，也称为契文、卜辞、龟甲文字。

第三次集大成，是《周易》古经和《易传》的出世。《周易》古经是中国奴隶制社会时期符号文化和占筮文化的总结，《易传》是中国早期封建社会阴阳文化及伦理文化的集大成。由《周易》古经及《易传》两部巨著相合而成的《周易》，则是中国古代包括整个夏商周春秋战国时期历时三千年的文化总结，汇聚了中国古代的符号、卜筮[①]、阴阳和伦理文化的精华，是中国古代文化走向成熟的标志。

《周易》不是一个人写出来的，所谓“人更

① 卜筮，占卜方法。古人占卜，用龟甲叫卜，用蓍草称筮，合称“卜筮”。

三圣，世历三古”，它是由三个圣人——伏羲、文王①、孔子，历经三个时代——上古、中古、下古（近古）而完成的。

文王像

---

① 文王，周文王，商末周族领袖。姬姓，名昌，商纣王时为西伯。曾被纣王囚禁于羑里（今河南汤阴北）。他在位五十年，倡行仁道，使虞、芮两国归附，攻灭黎（今山西长治市西南）、邘（今河南沁阳西北）、崇（今河南嵩县北）等国，建丰邑（今西安市长安区沣河以西）为国都，为武王灭商奠定了基础。周武王姬发灭商建国后，追尊为文王，传《周易》为其所演。

《周易》的发生史可以追溯到新石器时代晚期，相当于传说中的伏羲时期，编纂成书大约在殷周之际。《周易》的外延与内涵主要是通过《易传》而后确定的。《易传》自觉地顺应了春秋战国时期学术思想大融合的历史趋势，不仅比其他各家更为全面地总结了这个时期的文化创造，而且接上了自伏羲至《周易》古经的文化源头，

孔子像

把上古、中古、下古的文化连接成一个完整的系列，以浓缩的形式反映了中国文化的起源、演变和发展的轨迹。

在中国文化自《周易》诞生而后的三千年历史长河中，《周易》都起着主导的作用。

先秦时期，孔子把《周易》列为六经《诗》《书》《礼》《乐》《易》《春秋》之一，《周易》在中国文化的长河中开始居于主体地位。

至汉武帝（前156—前87）时，举贤良文学之士，今文经学大师董仲舒（前179—前104）对策建议“诸不在六艺之科、孔子之术者，皆绝其道，勿使并进”，为武帝所采纳，设置五经博士，罢黜百家，定儒术于一尊。随着儒学地位的提高，《周易》被列为六经之首。它为什么能居于这样的地位呢？简单地回顾一下易学史，就可以明白其中的原因。我们所说的《周易》通常包含三部分内容，一个是《周易》古经，一个是《易传》，一个是易学。这里说的“经”指西周时期形成的典籍，即《周易》古经。“传”，有传授之义，古

董仲舒像

代传授经书的经师往往对“经”的文字和内容做出解释，其做的解释称为“传”。《易传》指先秦时期形成的解释《周易》古经的十篇著作，即“十翼”。“学”，指汉朝以来经师、学者对《周易》经和传所做的种种解释。之所以称为“学”是因为从汉朝开始，凡研究儒家经典的学问都称为学，即经学。儒家经学系统的典籍从汉朝开始都包括经、传、学三部分，经、传、学共同构成一个知识系统。

《周易》古经形成于伏羲到文王这个时期，这

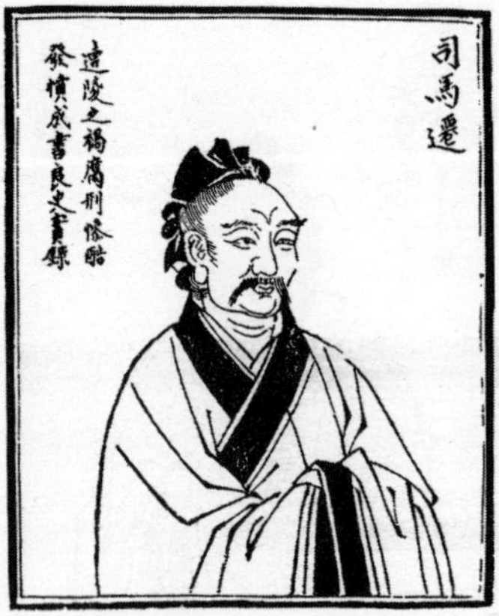

司马迁像

时的《周易》还是一部巫术之书、宗教之书、神话之书、算命之书。《易传》形成于孔子及其门下弟子之手，这个时期的《周易》已被诠释为哲学之书了。汉朝以后，《周易》经传被奉为经典，直到清代（被称为经学时代），解释《周易》的著作有三四千种之多。

《周易》之所以居于群经之首，这与西汉伟大的史学家司马迁有很大关系。起初，汉朝人是重视《春秋》的，司马迁说应该是《周易》更重要，因为《周易》里面有一个智慧，有一个核心价值观，有一个哲学的原理。司马迁说："究天人之际。"天人之际就是一个阴阳的问题，《周易》讲天、地、人三才之道，就是一个天人之际的问题。后来，汉武帝、董仲舒慢慢接受了这个观点。

到了汉宣帝时期，有一个丞相叫魏相（？—前59），认为《周易》是圣帝明王治太平之书，帝王应该用《周易》原理创造一个太平盛世。这样，《周易》的地位就被提得更高了。

东汉时期，史学家班固（32—92）开创断代史的编纂体例，编写了《汉书》，其中《艺文志》正式确定《周易》为群经之首。后经官方认可，《周易》便从所有的经书中脱颖而出。从此以后，《周易》为群经之首的地位再没有动摇过。很多人应用《周易》的原理进行决策，批评朝政，治国安邦。

魏晋时期，《周易》被列为三玄之冠。所谓"三玄"即《周易》《老子》《庄子》，虽有《老》《庄》之学大兴，但《周易》仍然保持兴盛。

隋唐时期，《周易》被定为九经之首（《易》

班固像

《书》《诗》《周礼》《仪礼》《礼记》《春秋左氏传》《春秋公羊传》《春秋穀梁传》)。唐朝自唯识宗创始人、佛经翻译家玄奘（602—664）从西域取经归来后，皇帝们十分重视佛学，佛经像潮水般涌进中国，而以《周易》为代表的经学奋起与之抗衡，捍卫了中国传统文化的主体地位，中国最终没有成为宗教大国。应该说，其中《周易》起到了重要的作用，不愧为传统文化的中流砥柱。

玄奘像

宋元时期，《周易》被奉为理学①的经典。南宋哲学家、教育家朱熹是理学的集大成者，著有

① 理学：北宋周敦颐、邵雍、张载、程颢、程颐等主张回归孔孟道统，提出“天道”“天理”概念，至南宋朱熹建立起完备的理论体系。后世取二程（程颢、程颐）和朱熹为代表，称为“程朱理学”，又称道学、宋明理学。

朱熹像

《周易本义》十二卷、《易学启蒙》三卷等。朱熹把《周易》列为理学所宗的经典，《周易》更成为中国思想文化的主干。

明清时期，乾隆皇帝组织修纂《四库全书》①，将易著（三百部）列为诸经之首、开卷之文，再次明确了易学在中国文化中的核心地位。

可见，《周易》在中国每一个历史时期，在传统思想文化中都起着主干作用。秦汉以后，历代学者不断对《周易》进行解释和发展，构成了蔚

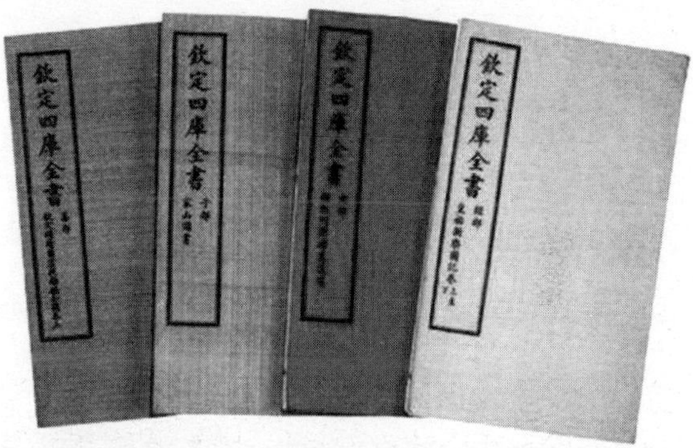

《四库全书》

---

① 《四库全书》：清乾隆三十八年（1773）开馆纂修，纪晓岚等为总纂官，历时十余年完成。共收书 3460 余种，79300 余卷，36000 册，共 8 亿字，基本上包括了中国各类图书，故称“全书”。分经、史、子、集四部，故称“四库”。

为大观的易学史。

总之，处于中国六千年文化的中点的《周易》本身就相当于一部中国文化发展史，或者相当于一部中国文化精神的生成史。为什么只有《周易》这部经典能代表中国文化？中国社会科学院世界宗教所研究员余敦康先生对此有非常精到的分析：

> 不可否认，在魏晋时期，中国传统文化的重要元典《老子》影响了玄学①，成为当时文化的主干；也不可否认，在宋至明初，理学的兴盛也使中国传统文化的另四部重要元典《论语》《孟子》《大学》《中庸》成为理学最重视的典籍，构成这个时期文化的主干；还不可否认，《孙子兵法》在中国文化史上占有重要的地位，产生了重大的影响。

---

① 玄学：魏晋时期以老庄思想为骨架，糅合儒家经义以代替烦琐的西汉经学的一种哲学思想，具有高度抽象性的思辨形式。玄学家大都是所谓名士，他们以出身门第、容貌仪止和虚无玄远的清谈相标榜，成为一时的风气。

为什么它们不能代表中国的智慧呢?《老子》确实有智慧，但也不能代表全部的智慧。《论语》有智慧，但也不能代表全部的智慧。《孙子兵法》国内外都很重视，但中国不是一个好战的民族，中国讲的是大道文化，所以它同样不能代表全部的智慧。显然，《论语》《孟子》《大学》《中庸》《老子》和《孙子兵法》产生在春秋战国时期，离现在不过两千五百年左右的时间。中国六千年的文明，还有三千五百年的空档谁能来代表呢?有哪一部经典能够代表中华民族六千年的文明呢?只有《周易》有这个资格，全世界没有一部经典能够有六千年的历史。《圣经》只有两千年的历史，《古兰经》也只有一千三百年的历史，印度的《奥义书》稍微古老些，也不过三千年的历史。冯友兰先生说，一部《周易》就是中华民族智慧的结晶，其他的智慧可以用《周易》这本书来代表。

余敦康先生认为，秦汉以后中国文化的发展往往要回到先秦寻找精神的原动力，而找来找去，又往往归结为由《周易》所奠定的易学传统。这种情形绝不是什么历史的误会，而“主要是由于《周易》的那一套八八六十四卦的符号体系以及囊括天、地、人三才之道的整体之学，仿佛一个巨大的海绵体，把这个时期诸子百家创造的共同成果都吸收容纳进来，并且综合总结成为一种卷之则‘退藏于密’的易道，因而理所当然地被后世公认为代表了中国文化的根本精神”①。余敦康先生说：

> 在中国传统学术思想中，易道被看作一个包含有思维方式、价值理想和实用性操作

① 余敦康：《论〈周易〉的和谐智慧》，张涛主编：《周易文化研究》第一辑，东方出版社，2009 年，第 5 页。

的三位一体的完整结构，它是轴心期①（春秋战国时期）文化创造中的共同因素积淀凝聚而成的。

就易道的思维模式而言，显然是一种统贯天人的整体思维。这种思维把世界的统一性看作一个自明之理，着重于探索天与人、主与客、自然与社会之间的关系，以便从整体上把握其中的规律，用来指导人事，特别是政治。……形式与内容、象数与义理的奇妙结合，这是易道的思维方式的根本特征。

就易道的价值理想而言，则是追求一种以“太和”为最高目标的天与人、自然与社

① 轴心期：亦称“轴心时代”。德国思想家雅斯贝尔斯（1883—1969）在1949年出版的《历史的起源与目标》中提出的概念，认为公元前800年至公元前200年之间，是人类文明的“轴心时代”。轴心时代是指人类文明精神的重大突破时期，这一时期孕育出了伟大的精神导师，如古希腊的苏格拉底（前469—前399）、柏拉图（前427—前347）和中国的孔子、老子等。他们提出的思想原则塑造了不同的文化传统，一直影响和决定着今天人类的生活样式和文化形态。

会的整体和谐。《周易·乾卦·彖传》提出了“太和”的思想：“乾道变化，各正性命，保合太和，乃利贞。首出庶物，万国咸宁。”这是先秦各家中对整体和谐的最完善的论述，集中体现了中国文化的最高价值理想。①

可见，对于易道，必须结合中国传统文化的大背景来考察和把握，而不是单纯局限于《周易》本身，才能获得一个较为准确的理解。代表了中国文化根本精神的易道，体现了《周易》的价值核心。

二、《周易》集中体现了传统文化的特质

中国传统文化的特质主要包括哪些内容呢？笔者综合前贤之说，认为最基本的是经世、贵和、

---

① 余敦康：《论〈周易〉的和谐智慧》，张涛主编：《周易文化研究》第一辑，东方出版社，2009年，第5—6页。

刚健。《周易》中有三句话集中表现了这三大特质：

> 天行健，君子以自强不息。(《易·乾·象》)
>
> 地势坤，君子以厚德载物。(《易·坤·象》)
>
> 云雷，屯，君子以经纶。(《易·屯·象》)

“君子以自强不息”，表现的是中国传统文化的刚健特质；“君子以厚德载物”，表现的是中国传统文化的贵和特质；“君子以经纶”，表现的是中国传统文化的经世特质。

（一）刚健

刚健有为是处理天人关系和各种人际关系的总原则，是中国人积极的人生态度的最集中的理论概括和价值提炼。《易传》关于刚健有为的论述对整个中华民族精神产生了决定性影响。孔子以后刚健有为的思想开始占上风，成为中国文化中的主导思想，柔静思想不过是一种补充。《易·乾·象》曰：

天行健，君子以自强不息。

《象传》说：天的运行刚强劲健，君子因此不停地自我奋发图强。大自然永远处于日新月异、变动不居的运行变化过程之中，从而制造出琳琅满目、朝气蓬勃的万事万物，也显示了自身卓越超凡的伟大创造和不朽生命力。

《易传》认为，人应该效法大自然劲动不息的刚健性格，在有限的一生中奋力拼搏，以自己勤奋耕耘的滴滴血汗，去不断浇灌这美丽而珍贵的生命之花，使她在苍茫浩渺的无限宇宙中永远闪耀出独特的光芒。

质言之，《易传》提倡人生效法天之日月星辰的从不间断的刚健运行，自强不息，积极进取。《周易》的刚健特质具体表现在以下六个方面：

第一，坚忍不拔、顽强进取的精神。《易传》的“自强不息”“生生之谓易”“天地大德曰生”都提倡“重生”“重时”，告诫人们需要奋斗自强。

第二，决不向恶劣的自然环境和邪恶的敌对势力屈服，倡导与种种罪恶行径作斗争的自立自强精神。

《易·明夷·象》：

> 明入地中，明夷。内文明而外柔顺，以蒙大难，文王以之。“利艰贞”，晦其明也。内难而能正其志，箕子以之。

意思是说，《明夷》（䷣）卦下离上坤，离为光明，坤为地，象征光明没入大地之中，这就是明夷的意思。内具文明之德，对外显示柔顺的态度，这样去承受大难，周文王的经历正好与之相似。“利艰贞”（利于占问艰难之事），是指要暂时掩藏自己的智慧。在内部遭受险难的情况下仍能坚定自己的志向，箕子的经历正好与此相似。

《明夷》上卦是地，下卦是火，象征太阳进入地中，是光明被创伤的形象。以卦的性质而言，内卦“离”是文明，外卦“坤”是柔顺，以这种内心明智，外表柔顺的性格便可以承受大难。周文王就是如此，在被纣王囚禁羑里的蒙难时刻，以内文明而外柔顺的办法得以脱险。在艰难中坚持正道，必要时可以收敛光芒，内心要始终坚持光明正大的志向。箕子就是如此，他见其侄儿暴虐无道，劝阻会招致杀身之祸，就装疯避难。

《易·明夷·初九》：

> 明夷于飞，垂其翼。君子于行，三日不食。有攸往，主人有言。

意思是说，鸟在天色昏暗时飞行，低垂着翅膀。君子远行，三天不吃东西。有所前往，会受到主人的责怪。

《象传》：

君子于行，义不食也。

意思是说，“君子远行”，不食不该吃的东西。

《明夷》卦之第一爻，阳爻居阳位，位于该卦最下方，如同一只飞行的鸟。光明沉没，君子遭难出走，如鸟飞离；力倦神疲，如鸟之左股受伤，垂下翅膀。在行途中，三日未吃东西，也曾往投人家，但遭到主人的斥责，故宁肯挨饿也不吃他家的饭。《象传》说：君子忙着赶路，饿也不吃不义之食。这里所强调的是君子在光明被黑暗、正义被邪恶压倒之时，应保持气节。一是宁愿出走，也决不与黑暗、邪恶势力同流合污；二是宁可饿死，也不吃不义之食。

《易·坤·文言》曰：

天地变化，草木蕃；天地闭，贤人隐。

即是说，天地万物有时极其繁荣昌盛，热火朝天，如春暖花开，万紫千红；有时又显得萧条冷清，凄凉宁静，似冬日冰结，万籁俱寂。人也应该效法大自然动静有时、一张一弛的客观规律，与时消息，随世转移，天下有道则见，无道则隐，以在这纷纭世事、繁杂乾坤中最大程度地保持自己的独立意志和人格尊严。

《易·乾·文言》曰：

> 龙德而隐者也。不易乎世，不成乎名。遁世无闷，不见是而无闷，乐则行之，忧则违之。确乎其不可拔，潜龙也。

这是指具有龙一样的德行却隐居起来的人。他不因为世俗的观念而改变自己的志向，不去追逐俗世的功名。独自隐居而不感到烦闷，言行不被世人认同也不感到苦闷。自己乐意的事就积极去做，不愿意的事就坚决不做。意志坚定，不可动摇，这就是潜藏的龙。

《易·大过·象》曰：

泽灭木，大过；君子以独立不惧，遁世无闷。

意思是说，《大过》（䷛）卦上兑下巽，兑为泽，巽为木，象征泽水把树木淹没，这就是《大过》卦的卦象。君子观此卦象，从而特立独行，毫不畏惧，隐居避世而不感到烦闷。这都是颂扬于险象环生的艰危困境中，仍然能够充分保持自己人格尊严的高洁行为。

关于宁可孤独，也不可与小人为伍这一思想，在《姤》卦中还有具体的表现。《姤》（䷫）卦卦形下巽上乾，《彖传》说：

姤，遇也，柔遇刚也。

巽为风，为长女，乾为天，为父，天下有风，男女相应，故曰柔遇刚。《易·姤·九三》曰：

臀无肤，其行次且；厉，无大咎。

臀即屁股，次且即趑趄，徘徊不进之状。九三阳爻阳位，过于刚强，离开内卦之中位，不能中庸，以致一味追求异性。阳之求阴，本是天然的欲望。但下方之初六已与九二相遇，向上寻求，则遇上九之阳刚，亦不能相应，所以九三处于进退两难的地位，以致趑趄而不能进，这是不吉祥的。但也无甚大碍，因为不与阴柔相应，也就不会受到小人的伤害。所以《象》说：

其行次且，行未牵也。

牵即牵制。就是说九三虽然趑趄，然仍在前进。所幸的是行为并未受到坏势力的牵制，故曰“无大咎”。这一断语旨在告诫人们：即使孤立无援，也不可与小人结伴。这一道理是很深刻的。在现实生活中，人们常常会处于孤立无援、进退两难的境地。在这种情况下，如何自处，是对自己人格的严峻考验。宁肯孤立无援，也决不与小人为伍，体现了我国古人坚守中正之道的高贵品质。

第三，人生要确立为高尚远大的理想目标不断追求的执着精神。《易·系辞上》曰：“夫《易》圣人所以崇德而广业也。”即提倡真正的德，必须是有作为有造就而不是消极退避的，倡导人们崇德，多参加社会工作，就是要“广业”。《易·系辞上》还说要“道济天下”，说是要关心国家社稷。《易·系辞上》还提出“是以明于天之道，而察于民之故”，要人们关心民情。

《大壮》（䷡）卦震上乾下，为雷在天上，惊雷震天，表示威震天下之意，象征着十分强盛。

大壮，利贞。

大壮，壮大之谓，就是要立崇高壮志，不断壮大自己，敢于当硬汉，敢于跟最强硬的对手挑战，敢于和比自己强的人拼搏。这就要求挑战者也要如《大有》（䷍）卦（上卦是太阳，下卦是天）一样，立大志才能元亨，才能有大丰收。“君子非礼弗履”，就是说只要坚守正道，声势就会壮大，就会亨通。

《易·困·象》：

> 泽无水，困。君子以致命遂志。

水在下而泽在上，泽中无水，十分窘迫。君子宁肯牺牲生命也要实现自己的志向。

《易·遁·六二》：

> 执之用黄牛之革，莫之胜说。

《象传》：

> 执用黄牛，固志也。

《遁》卦（䷠）艮下乾上，其“六二”阴爻居阴位得正，在下卦之中位，又与“九五”阴阳相应，象征中正，洁身自爱，柔顺地追随“九五”。意志坚定，就像黄牛之皮革捆绑，不会解脱。黄是中色，牛性情柔顺，也象征着“六二”的中正及对“九五”的柔顺。所以，用黄牛之皮革捆绑，是象征志向坚定。

第四，在厄运和挫折面前不低头气馁，积极奋起的抗争精神。

《履》卦（䷉）卦辞：

> 履虎尾，不咥人，亨。

是说跟在老虎尾巴后面行走，老虎却不咬人，则亨通。这个卦告诉人们要敢于踩老虎尾巴、敢于冒险，才有可能成功。履虎尾，可能不咥（吃）人，但也有可能履虎尾，咥人。就是说，风险可能让人成功，也可能让人失败，但是你如果不敢去冒险，那么你根本就没有成功的概率。

《易·履·九四》：

> 履虎尾，愬愬终吉。

意思是说，脚趾在老虎尾巴上，感到恐惧，最为吉祥。《履》卦所述表现了大难将临而面不改色的大无畏精神。

《周易》的《坎》卦（䷜）从陷阱、沼泽中自拔自救。坎为水，为险。《坎》卦一阳陷入两阴之中，并且两坎相重，险上加险，显然意味着已陷入重重陷阱，大凶：

习坎，入于坎宫，凶。

所幸阴虚阳实，因此又启示只要不灰心，只要能总结经验发现转机，也是可以绝处逢生的，这就是《易·大过·上六》所谓：

过涉灭顶，凶，无咎。

意思是说，涉水时水淹没头顶，有凶险，但最终没有灾殃。就是鼓励人们即使遭遇灭顶之灾，只要不灰心，继续努力，敢于赴汤蹈火，就仍然是有希望的，即我们常说的置之死地而后生。

再如《蹇》卦（䷦）《象》曰：

> 蹇，难也，险在前也。

那么，在艰难险阻面前怎么办？又曰："知矣哉。"就是指要知道艰难在什么地方，强调在逆境中要知己知彼，才能百战百胜。《易·蹇·象》曰：

> 山上有水，蹇。君子以反身修德。

就是说在高山阻挡、河水拦道时，要冷静反思是什么原因使自己陷入逆境，然后再寻找出路。

再如《困》（䷮）卦。无论是从人的生命还是民族国家的命运来看，和顺美好的状态总是显得那么短暂，艰难困境反而是一种常态。如何清醒地认识困境，摆脱困境，《周易》在《困》卦中给出了答案。《困·象》曰：

泽无水，困，君子以致命遂志。

由于《困》卦下坎上兑，为泽中无水，象征困顿，但只要坚守正道，自得其乐，必可摆脱困境。清末“川西夫子”刘沅解道：

凡道德仁义当为之事，皆天理也，尽其道而顺天命以自适，无论常变显晦，一切困苦，卓然不摇，惟遂其本志之安，是所以亨也。致命，坎陷之象；遂志，兑说（悦）之象。（《周易恒解》卷三）

因此，《易·困·象》提示我们要“困而不失其所”，就是处于困境而不失其风范，即使困兽也要犹斗。《易·困·上六》：

困于葛藟，于臲卼，曰动悔，有悔，征吉。

就是说，被关在木笼子里，周围布满蔓葛，稍微一动，便会被缠绕，但受困人毫无畏惧之心，坚决欲逃。文中“征吉”，就是鼓动其逃。更深一层次的含义在于通过身陷困境而犹斗，反映不屈不挠的精神，这正是中华民族的刚健精神、硬汉气质。《易·困·彖》：

> 困，刚掩也。险以说，因而不失其所亨，其惟君子乎？

穷困，因为刚健被掩蔽。陷身于危险之中，仍然快乐，是因为在穷困中，仍未失掉信念，失掉自己追求的理想。这不是只有君子才能做到的吗？

《困》卦紧接着《升》卦（䷭），《序卦传》说：

> 升而不已必困。

困难的出现是由于阴柔掩盖了阳刚，小人压

抑了君子，暗影遮挡了光明。困顿和艰难不但是事物发展的必经阶段，也是考验一个人德行和毅力的契机。《易·系辞下》云：

> 困，德之辨也。

困境是一块试金石，小人遭遇困危往往悲观失望，一蹶不振，君子处困则动心忍性，愈挫愈勇，激发出前所未有的潜能，于默默静守中坚持正道，以待天时之变。《困》卦内为险，外为悦，说明了君子即使身处险地，仍然能够安然愉快地面对。在穷困中，需要注意的是“有言不信”，虽然言之不谬，却难以见信于众人，最好保持沉默。君子处困只要不坠青云之志，贞正坦荡，即使付出宝贵的生命也在所不惜，结果终将焕然亨通。

中国古人以立志为成人成事之本，“志”的主要涵义是心志、意志、志向，有了志，人就会有战胜艰难困苦的信心和勇气。中华民族在几千年的发展过程当中，饱受内忧外患的折磨，但每一次的打击与困危都会激发出“致命遂志”的人格光辉，使民族精神坚而不倒，中华文明传承不绝。

第五，“日新”“革新”精神。《易·系辞上》曰：“日新之谓盛德。”这是什么意思？日新，指每天的太阳都是新的，就是说每天都要有新的东西、新的收获、新的变化，事业才能有大成就，这就是《周易》的日新观，也就是《周易》人生观的准则。《易·系辞上》曰：“生生之谓易。”什么叫“生生”？又说：“天地之大德曰生。”就是说生生不息，发展不息，是大自然的永恒规律，所以《周易》主张乾元不息。于人而言是同样的道理，比如说生活。什么叫生活？这是一个最普通也最朴素的名词，然而却包含着最高深的道理，那就是有新生才能有生存，这就要求我们要生存就要不断地创新。然而要创新就要善变。《周易》还有一句名言：

易穷则变，变则通，通则久。

这是什么意思呢？就是告诫我们当你穷途末路之时要做出改变，这是《周易》的自救理念。穷途时就必须改变，这就叫变易。

《周易》的《革》卦（䷰）、《鼎》卦（䷱）主张革故鼎新。《革》卦，离下兑上。离为火，兑为泽，泽内有水，火旺水干，水大火熄，二者相济、相克，必然出现变革。《易·革·彖》曰：

> 天地革而四时成，汤武革命，顺乎天而应乎人。

人们都以为"革命"一词是近现代才有的，却没想到它竟来自两千年前的《易传》。革命的目的是什么？《易·革·彖》曰：

> "巳日乃孚"，革而信之。

意思是说，"在祭祀之日对神灵表示诚信"，这样在变革时人们才会信服。就是经过革命达到一种可以相信的境界，那就是创新、日新。《易·系辞上》说“日新之谓盛德”，就是要创造新的天地，不要老走死胡同了。

《周易》的《革》卦之后紧接着就是《鼎》卦（䷱），就是革故鼎新之意。什么是鼎新？鼎，即象征王权的铜鼎，改朝换代时都要铸新鼎，所以鼎新意味着去旧换新，也就是破旧立新之意。汤武革命，成汤灭了夏，建立了殷商盛世，周武王灭了商纣，开创了西周盛世，中国历史上的这两场革命，都是奴隶制向封建制社会的变革。《周易》认为这两场推翻旧制度的革命是顺天意、合民意的，所以坚决支持和拥护，这充分证实了《周易》是支持社会变革、主张革命的。

第六，自尊、自立、自爱的人格独立精神。《周易》中有人格独立与尊严的思想。《易·恒·象》曰：

雷风，恒；君子以立不易方。

意思是说，《恒》（䷟）卦巽下震上，震为雷，巽为风，象征雷和风并作。这就是《恒》的卦象。君子观此卦象，从而确立恒常不变的规则。唐代孔颖达曰：“方，犹道也。”这就是说，人要效法大自然“天地之道，恒久而不已也……日月得天所以亦能久照，四时变化而能久成”① 的客观规律，在任何处境中都要充分保持自己的独立意志和人格尊严，而决不能摇摆不定，与时沉浮，否则，如果朝三暮四，不恒其德，则难免蒙受羞辱、自取其咎的可悲下场。只有随时随地最大限度地保持自己独立的自由意志和卓然的人格尊严，才会在任何时候做到像《易·大过·象》所谓之“独立不惧”和《易·履·象》所谓之“中不自乱”，从容应对，泰然处立。《易·大过·象》曰：

> 泽灭木，大过。君子以独立不惧，遁世无闷。

① （唐）孔颖达撰：《周易正义》，李学勤主编：《十三经注疏》，北京大学出版社，1999 年，第 144 页。

意思是说，《大过》卦（䷛）上兑下巽，兑为泽，巽为木，象征泽水把树木淹没，这就是《大过》卦的卦象。君子观此卦象，从而特立独行，毫不畏惧，隐居避世而不感到烦闷。《大过》卦上卦“兑”是泽，下卦“巽”是木，可看作舟。舟本来应浮在泽上，而今却在泽下，即为水淹没，所以称为“大过”。君子观此现象而采取的态度是：独立不惧，即不顾世人的非难，特立独行，而无所畏惧，即或不得已而退避，也不会烦恼。

《易·蛊·上九》曰：

> 不事王侯，高尚其事。

这句话的意思十分明了，即不侍奉王侯，洁身自好，超然物外，使自己的德行至高无上。这就要求人们不畏权势，能够挺直腰杆做人。

天下有道则显，做起来较为容易；无道则隐，做起来就比较困难了。《易·蛊·象》称赞“不事王侯，高尚其事”的超然物外、遗世独立的行为说：

> 不事王侯，志可则也。

充分肯定和大力颂扬这种保持自己高洁志向和人格尊严的行为，并认为这种行为是堪为世人楷模的。《周易》还提倡为人要光明磊落，《系辞下》曰：

> 子曰："知几其神乎？君子上交不谄，下交不渎。其知几乎？"

即是说，知道事机的微妙吗？君子对上不谄媚，对下不轻侮，就可以知道事机的微妙了。《周易》告诉我们，君子要有自己的操守、人格，为人要光明正直，坚持正义，遵循事理。

（二）贵和

"和谐"是矛盾统一性表现形式之一，是表示事物发展的协调性、一致性、平衡性、完整性和合乎规律性的哲学范畴。中国传统文化的一个重要特质就是注重和谐，即贵和。《易·坤·象》曰：

地势坤，君子以厚德载物。

这就是说，大地的气势厚实和顺，君子因此增厚美德，容载万物。《周易》提倡人应当效法广袤大地有容乃大的宽厚、包容，和而不同，和实生物。这句话讲的是宽容精神，包含了“和”的内涵、“和”的理念，是主张“和”的。《周易》从以下五个方面集中表现了中国传统文化的贵和特质：

第一，中和是《周易》和谐思想的精髓。《周易》的中和思想表现在贵和、尚中两个方面。一方面，《周易》的和谐思想的哲学根基在其阴阳对待观。《周易》古经虽然没有出现阴阳的概念，但阴阳观念是贯穿始终的。大量采用阴阳观念解释《周易》古经的是《易传》。《易传》提出“一阴一阳之谓道”，揭示了阴阳之间运动变化的规律。然而阴阳之间并不是对立不相容的“矛盾对立”关系，而是互相联系和转化的“对待关系”。

阴阳之间对待的关系与矛盾对立辩证逻辑之间的关系，有共同点，也有不同点。共同点是阴阳与矛盾都承认“同一性”，即相互渗透、相互贯通、相互联结、相互转化等；不同点是阴阳之间的关系是以“和”为主，而矛盾以对立、斗争为主，这是最根本的。然而正是这一点恰恰体现了中西方不同的思维方式。西方理性思维强调主客二分，其特点是以分别为主调；中国直觉思维强调主客合一，其特点是以整体和谐为旨归。

另一方面，《周易》的中和哲学尚中。《周易》的尚中表现为两条法则：

一是中正法则。所谓中正法则是用于调节同一事物内在的两极之间关系的法则。它体现为在相反相成的关系中要求达到既中且正的“中正”标准。《周易》中和哲学的中正法则是从客体结构的静态和常态上来看的。所谓客体结构上的中正，是指卦象上的“位中”，其表现是崇尚二五中爻，

"得中""应中""行中"（"中行"）都是受肯定的吉象。《易传·系辞下》进一步得出有规律性的结论：

二多誉，四多惧；三多凶，五多功。

《易传》对《周易》古经的这一法则做了深入论述。

二是时中法则。所谓时中法则是从时间运行的观念上把握事物发展的趋势，体现为因时制宜、与时俱进的法则。它是从主体时间上的动态或变态来看的，其实质是揭示主体在思维行为上的变通性，以保证主体行为的有效性、创新性、合理性、成功性。由于六十四卦及三百八十四爻都象征着客观事物发展的不同时期和不同阶段，因而时寒则寒、时热则热的有序规律性体现了客观自然的时中原则，而主体的人必须依据客观事物发展的不同时期和不同阶段而采取相应的对策行动，这是主体性"时中"。《易传》中频繁地讲"及时”“随时”“趣时”“时行”“时发”“时用”“与时偕行”等，表述的都是主体活动的“时中”实质。

《周易》中和哲学之贵和与尚中这两个方面又不是截然分开的，而是互相紧密联系在一起、不可分割的。贵和中包含着尚中，尚中中包含贵和，中和哲学是贵和与尚中的统一的哲学。

第二，“太和”是《周易》和谐思想的最高价值目标。《易·乾·彖》曰：

> 大哉乾元，万物资始，乃统天。云行雨施，品物流行。大明终始，六位时成，时乘六龙以御天。乾道变化，各正性命，保合太和，乃利贞。首出庶物，万国咸宁。

意思是说，乾的创始之功真是伟大啊，万物都依靠它而产生，它主宰着天。云在天空中飘移，雨水从天上降下，万物的形态处在不断变化之中。光明的太阳升落运行，《乾》六爻各以其时位而有所成，就像阳气按时乘着六条巨龙驾驭大自然。天道运行变化，使万物各自获得其天赋和禀受。它维持着一种极为和谐的状态，从而普利万物，体现天之正道。乾处于万物之上，使天下万国都得到安宁。

乾道即天道。太和，一作大和。太，至高至极；和，和谐。天地万物之阴阳永保相合而不相离，并始终维持协调平和的关系。这种调和的生态系统既表现在阴阳消长、事物渐变的过程中，又表现在阴阳转化、事物极变的过程中。就是说，事物平时和谐地消长，发展到极点，又平稳地过渡到另一种事物，永远处于无过无不及的状态。此之谓太和或大和。例如春夏秋冬四时节气正常地进行和接替，即是太和的表现。只有阴阳不离，才有可能实现阴阳调和；只有阴阳调和，才能永保阴阳不离。因此，保合与太和互为前提。这种状态有利于万物生存，也使万物得到正固，故曰“保合太和，乃‘利贞’”。有了“保合太和”，于是万物嘉祉，天下太平。

王弼、孔颖达从哲学义理上解释此句，皆以宇宙万物高度的和谐状态为太和，张载以气处于最高和谐状态为太和。

太和说与中和说相比较而言，在阴阳对待的原理上是一致的，区别在于所指不同，前者指原理，后者指程序。前者指天地阴阳、宇宙万物最高层次的和谐、普遍的和谐；后者指至高无上的和谐，是最好的和谐状态。也就是说，中和是和谐最根本的原理，太和是和谐最理想的状态。北京大学哲学系教授汤一介先生指出：

> 在我国古老的经书《周易》中提出一个十分重要的观念，这就是“太和”的观念，我认为这个观念可以解释为完满的普遍和谐。这就是说，由“自然的和谐”“人与自然的和谐”“人与人的和谐”“人自我身心内外的

和谐”构成了中国哲学“普遍和谐”的观念。①

这是对《周易》太和智慧的现代解读。可见，“太和”是《周易》提出的最高价值目标，是最高程度的和谐。

第三，“天人和”，是《周易》关于人与自然和谐的思想。所谓“天人和”，就是指天人合一的思想。《周易》主要从四个方面论证了天人合一思想。

首先，《周易》提出了天人同源说，从天人生成过程的角度论证了天人合一。《易·序卦传》曰：

有天地然后有万物，有万物然后有男女，有男女然后有夫妇，有夫妇然后有父子，有

① 汤一介：《中国哲学中和谐观念的意义》，载《新轴心时代——中国文化的建构》，江西人民出版社，2007年，第83—84页。

> 父子然后有君臣，有君臣然后有上下，有上下然后礼义有所错。

这是对《咸卦》的解释。作为一种宇宙观，作者把男女、夫妇、父子、君臣、上下等级关系的产生，统一于宇宙生成的自然过程之中。不仅如此，而且把社会之所有上下礼义之制，看作由“天地”所生。这是因为天地本身就具有尊卑、贵贱之义，即所谓“天地之大义”。《易·系辞上》曰：“天尊地卑，乾坤定矣。卑高以陈，贵贱位矣。”意思是说，天高而在上，地低而在下，乾和坤的位置、特性就是据此确定的，低和高的位置既已排定，贵和贱的地位也就确定了。而“乾道成男，坤道成女”，因此男女、夫妇以及父子、君臣，也就有了尊卑、贵贱之别，即所谓“男女正，天地之大义也”。

显然，《易传》把自然与社会、“天道”与“人道”合为一体，视为同构，于是整个宇宙秩序即体现为上下、尊卑的伦理关系。《易·坤·文言》也说：

> 阴虽有美，含之以从王事，弗敢成也。地道也，妻道也，臣道也。地道无成，而代有终也。

意思是说，处于阴柔地位的人，虽然有美德美才，也是守持而不外露，默默地追随君王做事，不敢把功劳归于自己。这就是大地顺从天之道，妻子顺从夫之道，臣子顺从君主之道。大地顺从天之道是取得成功而不居功，它只是代替天完成功业。这是对《坤》卦六三爻爻辞“含章可贞，或从王事，无成有终”的解释。

“六三”为阴爻，阴象地。地道无独成，成在于天（阳）但也顺天，则能取得生育万物的结果（“有终”）。同样，妻、臣为阴，与地道同，即妻顺夫，臣顺君，虽有才德之美，必须从事于王，则亦“有终”。“地道”“妻道”“臣道”统一于阴阳之道，体现了“天道”与“人道”的合一。

其次，《周易》提出天、地、人三才说，从天人体系结构角度论证天人合一。《易·系辞上》说：

> 《易》之为书也，广大悉备。有天道焉，有人道焉，有地道焉。兼三才而两之，故六。六者非它也，三才之道也。

意思是说，《周易》这本书包括的内容极为广泛而且齐备。其中既包括天道，又包括人道，也包括地道。把包括天、地、人三才的两个三画卦相重叠，所以就有了六画卦。这六画不是别的，反映的仍是天、地、人三才之道。

为什么会有这样的看法呢？其实，这是根据《周易》的卦爻象和卦序来做的哲学性解释，因为《周易》有一个特殊的卦爻结构，《易传》所做的一切阐释都必须以它为构架。《周易》乾坤开头，乾为天，坤为地，乾坤结合才能生成万物，这就是“天生地施”的说法。一卦六爻分成三部分，上两爻象征天，下两爻象征地，中间两爻象征人，这就像现实中的物象一样，天在上，地在下，人挺立在中间。古人观物取象的寓意就在这里。所以“六者非它”，就是指的代表这个位的“三才”。其实，“天道”和“地道”可以并称为“天道”，指天地变化运行的规律，泛指自然界的秩序。只不过是由于《周易》的特殊性，分别述说而已，没有什么神秘性。《易·说卦》则对这“三才之道”做了进一步的阐释：

> 昔者圣人之作《易》也，将以顺性命之理，是以立天之道曰阴与阳，立地之道曰柔与刚，立人之道曰仁与义。兼三才而两之，故《易》六画而成卦；分阴分阳，迭用柔刚，故《易》六位而成章。

意思是说，过去圣人创作《周易》，是为了顺应万物的天赋和禀受中所体现的内在规律，所以确立天道为阴和阳，确立地道为柔与刚，确立人道为仁和义。把包括天、地、人三才中的两个三画相重叠，所以《周易》以六爻组成一卦；六爻又分为阴位和阳位，阴爻和阳爻更迭居于阴位和阳位上，所以《周易》的六爻组成了一个丰富多彩的系统。

这段话包含着三层意思：第一层意思是点明作《易》的目的是“顺性命之理”，人的“性命”由“天命”所赋予，人要做的只是顺从而已，这就是人要效法“天道”，这是古人特有的认识。第二层意思是天道的本性是阴阳，“地道”的本性是柔与刚（其实，刚是阳的属性，柔是阴的属性），“人道”的本性是“仁与义”。第三层意思是从卦位上总结“六位成章”，也就是天地人“三才”之道结合在一起是一个整体。根据“《易》以道阴阳”的本义，“一阴一阳”乃是宇宙的根本规律。因此，地道（柔刚）、人道（仁义）都是阴阳之道的体现，这就是说，人道的仁义本属于天道阴阳之理，换言之，天道阴阳本是仁义之性。如曰“天地之大德曰生”，这种生成之“德”就是仁。在《易传》看来，仁义之道也就是宇宙秩序。

再次，《周易》提出了性天相通说，从性天相通的角度论证了天人合一。《易传》认为，天道是一个变化流行、生生不息的过程，而生即是德，即是仁，所以天也就是天地生物之德、生物之仁。在这种天道观的基础上，《易传》回答了人性之所以善之缘由：人是天地所生，人生时，天道亦降而在人，是为人性。由于人道即是天道，故为人性善。《易·系辞上》说：

> 一阴一阳之谓道，继之者，善也，成之者，性也。

就是说，人性之善，成于人道对天道的承继，即所谓“继善成性”。于是“成性存存，道义之门”，人就获得了道德行为的人性根据。《易传》认为，阴阳之道，“显诸仁，藏诸用”，生育万物（仁），显而易见，而其所以生育万物之“用”，却隐藏难见。因此，承继阴阳之道的人性，也就具备了善（仁）的本质。可见，人性之善，来自“天道”。

《易传》以天、地、人为三才之道，天道之阴阳与地道之柔刚是指自然属性而言的，人道之仁义专指道德的属性，但此三才之道合称为性命之道，说明自然主义与人文主义乃是结为一体，而不是分为两行。《易传》提出的“天道”与“人道”合一的“天人合一”的“宇宙伦理模式”，回答了道德的本源、人性的来源等问题。

最后，《周易》提出了“天人合德”“裁成辅相”“节以制度”说，从天人协调的角度论证了天人合一。《易传·文言》提出“与天地合其德”的重要思想，它说：

> 夫大人者，与天地合其德，与日月合其明，与四时合其序，与鬼神合其吉凶。先天而天弗违，后天而奉天时。天且弗违，而况于人乎？况于鬼神乎？

意思是说，大人物具有与天地一样的品德，与日月一样的明亮光辉。他的行为像四季更替一样井然有序，预知吉凶能与鬼神相一致。他先于天的变化而行动，随后发生的变化会证明他的正确；他若后于天的变化，会严格遵循时序的自然运行。天尚且不违背他，更何况人呢？何况鬼神呢？

所谓与天地合其德，是指人与自然界要相互适应、相互协调。所谓“先天”，即为天之前导，在自然变化未发生之前加以引导；所谓“后天”，即遵循自然变化的规律，从天而动。《易传·系辞上》说圣人行事的准则是：

> 与天地相似，故不违；知周乎万物而道济天下，故不过。旁行而不流，乐天知命，故不忧。安土敦乎仁，故能爱。范围天地之化而不过，曲成万物而不遗，通乎昼夜之道而知。

意思是说，《周易》所蕴涵的道理与天地的真实情况相吻合，所以不会与天地之道相违背。《周易》包含的知识遍及万物，其道理可以匡济天下，所以不会有什么过失。采取变通的手段处理问题而不会陷于放纵，能预知命运的安排并乐于顺从，所以不会有什么忧愁。安于所居住的环境，不断地培养自己的仁德，所以能充满爱心。《周易》能包罗天地化育万物之功而又不过分，多方设法以成全万物而没有遗漏，贯通阴阳变化之道而充满智慧。

人道与天地之道是相似的，懂得这个道理的圣人，就能周知万物的情态，以道匡济天下而又坚持原则，乐天知命而又发挥德行的作用，制约天地变化而无过失，成全万物而不会有遗漏。其所以如此，就在于圣人通晓阴阳变化的规律。我们如果从哲学思维的角度考察，用现代语言来表述，这就是天人协调的思想，即一方面尊重客观规律，另一方面又注意发挥人的主观能动性。可以说，这是中国古代关于天人关系的一种较为全面正确的观点。

天人合一的问题，就其理论实质而言，是关于人与自然统一的问题，或者说是自然界和精神的统一问题。如何做到天人协调呢？《周易》提出了两个重要的观点：

一是“裁成辅相”说，《易·泰·象》说：

> 天地交，泰。后以财成天地之道，辅相天地之宜，以左右民。

“后”是君王，“财”通“裁”。朱熹解释说：“‘裁成’以制其过，‘辅相’，‘补其不及’。”①意思是说，《泰》卦（䷊）下乾上坤，乾为天，坤为地，象征天地阴阳之气相交，这就是《泰》卦的卦象。君主观此卦象，从而根据天地运行的规律裁度调节，安排相应的活动以辅助天地间的变化，以此来治理百姓。用现代的话说，就是天地之道即阴阳变化的规律尽管是客观的，但是君

---

① （清）李光地撰，刘大钧整理：《周易折中》，巴蜀书社，1998年，第667页。

王可以制裁它，辅助它，为我所用。

裁成辅相说充分肯定了居于宇宙中心地位的人拥有天赋的主体性，他能够刚健自为，在充分认识自然规律的基础上积极地参与天地万物之化育，使之趋于更加和谐的运行状态。裁成辅相说要求我们在尊重自然规律的基础上奋发有为，在任何时候都要充分发挥人的天赋主体性，积极进取，乐观向上，以自己勤奋智慧的双手铸就明天的辉煌。

二是“节以制度”说。《易·节·彖》说：

> 天地节而四时成。节以制度，不伤财，不害民。

意思是说，天地有节度，从而形成了一年四季。按照节制的原则来订立法度，就不会浪费财物，不会损害民众。

《易·复·象》说：

雷在地中，复。先王以至日闭关，商旅不行，后不省方。

意思是说，《复》（䷗）卦下震上坤，震为雷，坤为地，象征雷藏于大地之中，这是《复》卦的卦象。先王观此卦象，从而在冬至日封闭关卡，不便商人之旅往来，君主不巡视四方。

这句话说明，当时统治者是根据天时季节的变化来管理市场和安排生活的。卦象上坤为地，下震为雷，雷在地中震动，此卦只初爻是一个阳爻，所以是一阳来复，象征阳气在地下开始形成，但还很微弱，在季节上当是冬至之时。虽然地面阴气凝结成冰，但阳气已在下暗动，所以冬天深水中温暖，这是阳气潜动的表现。君王看到这个卦象，就要懂得滋养阳气让其生长的道理，要与民休养生息。因此，在冬至节气到的时候，就要关闭关口，工商旅客都不在外行走，而国君也不到处省察。

中国古历节气冬至在阴历十一月，“周朝以建子十一月为岁首，故在冬至数日内，正是周朝过年的大节气，全民入室，以息老慈幼，士、农、工、商、旅客、外宾皆过年团聚，享受父母、子女、夫妇、兄弟过年团聚之乐。国君顺天时民俗，以享人伦过年之好，故不省察四方之事”。“古人以一年有四季、十二月、廿四节气、七十二候，凡君王的起居、政令推动，都要应季节决定，以人合天，使天人合一。”①

《易·无妄·象》说：

> 天下雷行，物与，无妄。先王以茂对时育万物。

意思是说，《无妄》卦（䷘）下震上乾，震为雷，乾为天，象征雷在天的下面震动，万物随之生长。这就是《无妄》卦的卦象。先王观此卦象，从而努力配合时令，养育万物。统治者顺应天时，遵

① 徐芹庭：《细说易经六十四卦》上册，中国书店，1999年，第356页。

循自然的节律来安排生产活动，使万物得以发育生长，使大家衣食富足，安居乐业。生产活动根据节气来安排进行，是天人合一的理念。重视农业、商业等生产活动，是一种自然朴素的天人和谐意识，反映了在农业文明时代古人顺天时和天人生态和谐的思想观念。张岱年、方克立主编的《中国文化概论》一书写道：

> 天人合一问题，就其理论实质而言，是关于人与自然的统一问题。应当承认，中国传统文化中的“天人合一”思想，内容十分复杂，其中既有正确的观点，也有错误的观点，我们必须实事求是地予以分析。但是，从文化的民族性一面看，从其对民族文化的推进作用和深远影响的一面看，我们应当看到并大胆肯定中国古代思想家关于天人合一的思想，其基本的涵义，就是充分肯定“自然界和精神的统一”，关注人类行为与自然界的协调问题。从这个意义说，“天人合一”是

正确的非常有价值的一种思想。

中国古代的天人合一思想，强调人与自然的统一，人的行为与自然的协调，道德理性与自然理性的一致，充分显示了中国古代思想家对于主客体之间、主观能动性与客观规律性之间的关系的辩证思考。根据这种思想，人不能违背自然，不能超越自然界的承受力去改造自然、征服自然、破坏自然，而只能在顺从自然规律的条件下去利用自然、调整自然，使之更符合人类的需要，也使自然界的万物都能生长发展。另一方面，自然界对于人类，也不是一个超越的异己的本体，不是宰制人类社会的神秘力量，而是可以认识、可以为我所用的客观对象。这种思想长期实践的结果，是得到自然界与人的统一，人的精神、行为与外在自然的一致，自我身心的平衡与自然环境的平衡的统一以及由于这些统一而达到的天道与人道的统一，从而实现了完满和谐的精神追求。①

可见，《周易》的天人合一的思想，对于解决当今世界由于工业化和无限制地征服自然而带来的环境污染、生态平衡遭到破坏的问题，具有重要的启迪意义。

第四，人和是《周易》关于人与人和谐的智慧。《易·家人·彖》说：

> 父父，子子，兄兄，弟弟，夫夫，妇妇，而家道正。正家而天下定矣。

意思是说，父亲按父亲应有的样子去做，儿子按儿子应有的样子去做，兄按兄应有的样子去做，弟按弟应有的样子去做，丈夫按丈夫应有的样子去做，妻子按妻子应有样子去做，立家之道就能端正。家道端正了，天下也就安定了。

---

① 张岱年、方克立主编：《中国文化概论》，北京师范大学出版社，2004年，第288—289页。

这句话揭示了《周易》人和之道的总体思路。《周易》提出了“同人于野”是人与人和谐的最高理想，“合睽”是人与人和谐的基本原则；提出了以爱情为纽带的夫妇之道的礼、通、久、和四大原则；提出了以血缘为纽带的父子和谐之道；提出了朋友关系和谐的思想；提出了使君民、君臣上下关系和谐的“泰和”思想。

第五，心和是《周易》关于个人身心和谐的思想。中国共产党十六届六中全会通过的《中共中央关于构建社会主义和谐社会若干重大问题的决定》指出：“注意促进人的心理和谐。”这是中国共产党对以人为本理念内涵的进一步丰富，有助于促进社会主义和谐社会的建设。

众所周知，人是社会中的人，自我必须努力与他人、与社会乃至与所生存的自然环境建立一种正常的、有序的联系，使自我与日益扩大的人际关系网络保持和谐畅通。但是实现这个目标需要有一个基本前提，即个人通过加强自我修养，做到厚德载物、谦虚礼敬、纯诚信实，使心灵保持和谐的状态。否则，人与自然、人与人、人与社会的和谐根本无从谈起，更无法企及。没有个人的心理和谐，就没有人与自然、人与人、人与社会的和谐，就不可能有真正持久、和谐的社会状态。心理和谐的人越多，社会的和谐程度就越高。

《周易》一书的主旨，关键的着眼点在于人事的指导，教人如何修身养性，如何趋吉避凶，有丰富的关于个人心和的思想。

首先，《周易》提出践履是个人道德修养之基的思想。“践履”这一概念、范畴，最早见于《诗经·大雅·行苇》：

> 敦彼行苇，牛羊勿践履。

其意本为足踏地，后引申为躬行、践行、实行。《周易·杂卦传》在解《履》卦（䷉）卦名时说：“履不处也。”“不处”即是动，即是进。《说文》：“礼，履也，所以事神致福也。”“履”就是

“礼”，指当时社会立身处事的道德准则。据此而言，“履”含有两层意义：从其外表看，履是行动、躬行、实践；从其内涵看，履是礼，是人们实践、行动所必须遵循的道德准则。《易·系辞下》说：

履，德之基也。

是说修养道德的第一步要在践履（即实际行动）上下功夫。《周易·文言》说：

君子学以聚之，问以辩之，宽以居之，仁以行之。

也就是说，君子要通过学习积累知识才干，发问明辨是非，以宽容来居守事业，以仁德来行事，所谓“以成德为行”。君子的德不是天生的，而是在“可见之行”中经过“学聚”“问辨”“宽居”“仁行”等修养锻炼得来的，是后天努力的结果。

《周易》又认为，即便是这种后天磨炼的修养，也只能满足于一时所得，君子进德修业永无止境：

> 终日乾乾，与时偕行。①

《履》初九《象》说：

> “素履”之往，独行愿也。

意思是说，“穿着白色而无纹饰的鞋”而“前往”，说明坚定地按照自己的志向行事。“素”指质朴无文饰，即事物的本质本色。所谓“素履之往”，就是《中庸》所说“君子素其位而行”，即不贪非分之利，不觊觎非分之位，贫者安贫，富者乐富。所谓“独行愿”，是说行动的目的只是要实现夙愿初志，不为情迁，不为物累，这也是《中庸》所说“不愿乎外”的意思。

---

① 《易·乾·文言》。

《易·系辞上》：

履信思乎顺，又以尚贤也。

这句话是通过解释《易经·大有》卦的上九爻，而诠释该卦的六五爻，即六五爻的意义通过上九爻完全表现出来。其意是说六五厥受交加，能够履信；居中用柔，能够思顺。履信思顺又尚贤，故人助天助也。

《易·系辞下》：

履和而至，谦尊而光，复小而辨于物。

其意思是，只要践礼适中，就会自谦则人反而尊之，自晦则德更加光显。这样就可以先修一身之小，而后遍及齐家治国平天下之大。

综上所述，所谓“践履”大体上包含有安分、立志、践行或躬行等道德修养内容，而以躬行为主。

其次，《周易》提出持中守正是个人修养德行的基本原则。《周易》有很多要求以持中守正作为修身处世的标准，从而达到和谐目标的论述。

《易·履·象》：

> 刚中正，履帝位而不疚，光明也。

《履》卦（☰）的卦象是兑下乾上，兑柔乾刚。这里的“刚中正”系指《履》卦的九五爻，它居中得正，刚而中正，必不过刚。由此推及人事，是说刚而中正之人一旦践帝位，君临天下，一定“不疚”，即无瑕可指、无懈可击而光明。

再如《易·乾·文言》：

> “亢”之为言也，知进而不知退，知存而不知亡，知得不知丧。其唯圣人乎！知进退存亡而不失其正者，其唯圣人乎！

意思是说，“亢”的意思是只知道进取而不知道退让，只知道事物的存在而不知道它会消亡，只知道获得而不知道丧失。大概只有圣人吧！知道进退存亡的道理并且正确地运用的，大概只有圣人吧！

《乾》上九爻辞为“亢龙有悔”，为什么有悔呢？是因为他不知道在进与退、存与亡、得与丧等人事处境的两端中很好地把握中正原则。

《易·坤·文言》：

> 君子敬以直内，义以方外。敬义立而德不孤。

意思是说，君子以敬诚的态度使自己的内心正直，实行道义使自己方正。内心诚敬，行动上践行道义，君子的德行就会产生广泛的影响。这是进一步要求在修身的时候要注意身心、内外的和谐，对内要在敬上下功夫，对外处世要以合乎道义为准则，使自己的行为端正。内主敬，外主义，则德行就会和谐圆满。在这一点上，《周易》和

《中庸》的“致中和”之说是一致的，都是强调和谐，而这种和谐立足于人的心性，立足于人的内心情感，立足于人的内在精神修养、境界提升。

再次，《周易》提出了“三陈九德”的个人修德模型。《易·系辞传》中有《三陈九德》一章，专门以德行修养来解说《履》《谦》《复》《恒》等九个卦，三次反复铺陈其德性修养的意义，所以称“三陈九德”，也称“三陈九卦”，认为理解这九个卦的含义可以防止和解除忧患。

“三陈九德”修养模型有三层含义：一是铺陈九卦最本根的道德含义，阐发每一卦在德行修养中的原则指导意义。第一陈说：

> 《易》之兴也，其于中古乎？作《易》者，其有忧患乎？是故履，德之基也；谦，德之柄也；复，德之本也；恒，德之固也；损，德之修也；益，德之裕也；困，德之辨也；井，德之地也；巽，德之制也。

“履，德之基也”，是说践履是德性修养的基础、始基。“谦，德之柄也”，是说谦虚是德性修养的关键，可以握持的把柄。“复，德之本也”，是说复是德性修养的根本，因人性本善，复归于善性，就是到了本根了。“恒，德之固也”，是说恒是德性坚固的前提，没有坚固的恒心就不会有德性的厚积。“损，德之修也”，是说损是德性修养的途径，因《损》卦说的是“惩忿窒欲”的道理，即减损恶欲，增益美德。“益，德之裕也”，是说益是使德性充沛的方法，益即迁善改过，增益美德。“困，德之辨也”，是说困是检验德的准绳，因人遭遇困境时，心志容易扰乱，有的并不能坚守德操，所以通过困境就能辨别人的德性的真假。“井，德之地也”，是说井是人居守道德的处所，因井之甘泉像无穷的德性滋养人，人能居德之所，就能广施德于人。“巽，德之制也”，是说巽是裁制道德的规范、制度。因巽为风，无孔不入，又为顺，能入于细微之间，顺于事理，因事制宜，所以是德的规范、制度。

二是铺陈九卦的具体道德内涵及行德的方式和途径。第二陈说：

> 履，和而至；谦，尊而光；复，小而辨于物；恒，杂而不厌；损，先难而后易；益，长裕而不设；困，穷而通；井，居其所而迁；巽，称而隐。

“履，和而至”，是说以和顺的方法达到目标的，因“礼之用，和为贵”。“谦，尊而光”，是说愈谦卑，别人愈尊重，其德愈光明。“复，小而辨于物”，是说从细微处着手，辨别事物的善恶，并反归善本。“恒，杂而不厌”，是说处在杂乱的环境中，也能恒久守德而不厌倦。“损，先难而后易”，是说起先要减损自己的私欲是很艰难的，而坚持下去就能获得益处。“益，长裕而不设”，是说长久增益德性，德性充盈就不再需要借助于外在的设施了。“困，穷而通”，是说处于困境时仍能守持正固，增益德性，则其后必能亨通。“井，居其所而迁”，是说井虽不迁，但其德性能迁施于外。“巽，称而隐”，是说巽能称量事物，随宜而制，却不见其踪迹。

三是铺设九卦依其内蕴的德性而具有的功能与价值。第三陈说：

> 履以和行，谦以制礼，复以自知，恒以一德，损以远害，益以兴利，困以寡怨，井以辨义，巽以行权。

“履以和行”，是说《履》卦的道理是教人和顺循礼而行。“谦以制礼”，是说《谦》卦的道理是可以用于裁制礼节。“复以自知”，是说《复》卦的道理是可以使人反观自我，省知得失。“恒以一德”，是说《恒》卦的道理是使人始终如一坚守德操。“损以远害”，是说《损》卦的道理可以使人克制私欲，增益善行，远离灾害。“益以兴利”，是说《益》卦的道理可以益己益人，增益福利。“困以寡怨”，是说《困》卦的道理可以使人坚守德操，不怨天尤人。“井以辨义”，是说《井》卦的道理可以使人明白施惠于人，合乎道义。“巽以行权”，是说《巽》卦的道理可以使人因事因时制宜，行以权变。

上述三陈以“德之基、德之柄、德之本、德之固、德之修、德之裕、德之辨、德之地、德之制”的较为严密的逻辑体系来阐述以此九卦为本源的修德的重要性，建立起了德性修养的模型。

最后，《周易》提出了“观”的个人修养德性的方法。《周易》所说的“观”，有着后人所说的“省察”的意思。《周易》中的《观》卦(䷓)，不但讲到了对客观事物的观察，而且也讲到了对自己和对别人的观察：

> 童观，小人无咎，君子吝。（《观·初六》）
>
> 观我生，进、退。（《观·六三》）
>
> 观我生，君子无咎。（《观·九五》）
>
> 观其生，君子无咎。（《观·上九》）

“童观，小人无咎，君子吝。”意思是说，像孩童般幼稚地观察事物，这对小人没有灾殃，对君子则会有令人悔恨之事。“童观”是指幼稚的、粗浅的、简单的观察。这样进行观察，对于小人即普通的庶民来说是无妨害的，而对君子就要产生危害，使其陷入艰难的处境。

“观我生”“观其生”，应如何加以解释，这在学术界是存在一些分歧的。一般都把“观我生”“观其生”的“生”解释为百姓或百官。“观我生，进、退”，意思是说由国君考察自己的百官庶民，则知自己用人施政之得失、进退是否得当，不会造成危害。实际上，“观其生”“观我生”中的“生”有生长、前进的意思。君子之所以无咎，很重要的一点就是他“观察”自己和别人的生长、发展过程，并能从中吸取教训，从而提高自己的才智和道德品质。“观我生，进，退”的含义是省察我自身，则知进退适止。“观其生，君子无咎”的含义是观察、省察他人的生活历程和发展，以辨别信诈、善恶，君子就可以无咎。从这个意义上看，它们和“君子终日乾乾，夕惕若厉，无咎”① 是一个意思。

这种“观我生”和“观其生”的修养方法，对后来的伦理思想有重要的影响。我们可以看到，《论语·学而》篇中曾子所说的“吾日三省吾身，为人谋而不忠乎？与朋友交而不信乎？传不习乎”，就是《周易》“观我生”的发展；《论语·里仁》篇中孔子所说的“见贤思齐焉，见不贤而内自省也”，就是由“观其生”推衍来的。

在当前社会，一些人身心之间存在着二元分裂的矛盾，人们无止境地追求物质享受和感官刺激，人际疏离、亲情冷淡、竞争激烈、生活紧迫，导致许多人身心失调、情感扭曲、精神空虚、人格分裂并由此而引起焦虑、孤独等，使酗酒、吸毒、赌博、凶杀、自杀、精神失常现象不断上升，不仅毁灭了精神失衡者个人，也严重影响了社会的安宁。在这种情况下，《周易》关于个人自身身

① 《易·乾·九三》。

心和谐的思想对解决这个问题无疑具有重大价值。

综上所述，《周易》中有如下系统的和谐思想：

中和——《周易》和谐思想的精髓。

太和——《周易》和谐思想的最高价值目标。

天人和——《周易》关于人与自然和谐的思想。

人和——《周易》关于人与人和谐的思想。

心和——《周易》关于人自身和谐的思想。

《周易》中关于“中和”“太和”“天人和”“人和”“心和”的思想集中体现了中国传统文化贵和的特质。《周易》贵和的智慧对于我们今天提倡和谐文化，积极构建社会主义和谐社会，推动建设持久和平、共同繁荣的和谐世界无疑是一座丰厚的思想宝库。

（三）经世

《易·屯·象》曰：

> 云雷，屯；君子以经纶。

意即乌云雷声交动，象征“初生”；君子因此在初创之时努力经略天下大事。经纶，用如动词。《说文》：“经，织从丝也。”“纶，青丝绶也。”两字连用即以治丝喻治国。这是说明“君子”观《屯》卦（䷂）卦象，悟知当局势初创多艰之时，须奋发治理天下。

朱熹解释说：

> 屯难之世，君子有为之时也。[1]

“经纶”亦称“经世”。经世精神指经国治世

① （宋）朱熹撰，廖明春点校：《周易本义》，中华书局，2009年，第50页。

精神。

经世精神以“入世”为前提，“致用”为旨趣，引导人们在此岸世界“立德、立功、立言”，治理世界的秩序，谋求民众的安宁，实现自己的价值，达到“三不朽”的人生境界。这种经世精神是中国传统文化注重现实人生的民族性格的表现。中国传统文化的经世特质集中表现在《周易》之中，具体来说有以下三个方面。

第一，一般人生态度上的积极涉世精神。《周易》是一部“开物成务”之书，具有强烈的实践功能，它的主旨在于把道、器、变的客观认识用于实际生活，推而行之，以成就一番事业。《周易》是一部由许多史官及卜官记录下来的社会历史文献，其思想性及社会性都很强。

《周易》是一部占人事的书，包含着许多历史教训、人生哲理，因此社会经验性较强。尤其经过《易传》的发挥，更具有浓郁的社会思想性，当然影响了伦理的铸造。《周易》坚决主张积极入世，关心国家大事，参与社会工作。《易·系辞上》曰："夫《易》，圣人之所以崇德而广业。"即提倡真正的德必须是有为有贡献的，而不是消极退避的。《周易》渗透了忧国忧民的人生观，《易·系辞下》曰：

> 君子安而不忘危，存而不忘亡，治而不忘乱，是以身安而国家可保也。

意思是说，君子在安定时不忘危险，存在时担忧灭亡，局面稳定时预防祸乱，所以身体安康而国家政权得以保持。《易·系辞下》还说：

> 其亡其亡，系于包桑。

高度强调人与社会的依存关系，人和则天下安，自安而国保，就是说自己的存亡同样也系于国家的安定，如国破家亡则自身也难保。这都反映了《周易》高度强调人与社会的关系，人对社会应尽的职责。

第二，政治理想上的发愤经世作风。中国封建社会时期，《周易》一直被列为“五经”“九经”或“十三经”之首，作为官方颁布的法定教材广泛流传，求知者人人必读。封建统治者之所以看重《周易》，主要是推崇其中经邦济世的政治伦理思想。古代政治家、军事家、理财家以及贤明的君主与大臣，无不认真研读它，从中汲取治理国家、安定社会、发展经济、建设国防、提高道德水平的思想原则。

《周易》作为一部哲学典籍，有一个重大特点，即是鲜明的发愤经世作风。《周易》哲学将“正德、利用、厚生”奉为价值取向标准，要求哲学思想能够维护国家的统一，增进民族的团结，推进经济的发展，促成社会的进步。《象传》从加强中央集权制的政治目的出发，提出“建万国，亲诸侯”的主张；《文言》宣扬“万国咸宁”的政治理想，要求中央同诸侯国之间始终保持安定和睦的政治关系；为了保卫宗庙社稷，《象传》还提出了“设险以守其国”的国防建设思想。

《周易》的社会政治思想，坚持“崇德广业”的原则，要求以高尚道德原则指导政治，推行“仁政”；主张“君子体仁，足以长人”，缺乏仁爱之心的人，不足以充当人民官长。“长人”者还要善于“理财”，整理财政，广辟财源，管理好财务，量入为出，节约开支。《易·节·象》所谓“节以制度，不伤财，不害民”，是其理财原则。《周易》坚持“民为邦本”的民本思想，主张执政者要爱护人民，使之过安居乐业的生活。《易·系辞上》说：“安土敦乎仁，故能爱。”执政者充满爱心，使社会安定和睦。民本思想还要求执政者能“与民同患”，和百姓同甘共苦，深体民瘼，洞察时艰；外患当头，能与人民共赴国难，而不是置人民于水火之中而不顾。

《周易》强调治理社会必须“隆礼重法”。《易·大壮·象》曰“非礼弗履”，主张人们的行为要受礼的约束，不可越礼。《易·家人·象》说：“父父，子子，兄兄，弟弟，夫夫，妇妇，而家道正，正家，而天下定矣。”《彖传》提出“明罚敕法”主张，刑罚分明，法令要清楚，使人人遵守，“刑法清而民服”，才能“遏恶扬善”。礼治精神与法治精神相结合，是古代安定社会行之有效的政治原则。《周易》的这种发愤经世作风教育了一代又一代雄才大略的政治家、社会革新家，使之成为“中国的脊梁”。

第三，民族信仰中强烈的非宗教化倾向。

首先，《易传》把“天”伦理化和人格化，如“天尊地卑”“乾道成男，坤道成女”等，但从总体观之，《易传》中的“天”与《圣经》中的“上帝”截然不同，它的非神性、自然性是显而易见的。如《易·序卦》说“盈天地之间唯万物”，此种“唯万物”观念具有朴素的唯物主义色彩，也是现代汉语最早的摹本。

其次，《易传》把天、地、风、雷、水、火、山、泽八种元素并列，称为八卦，八卦生万物，这与“上帝造万物”之说可谓针锋相对。

再次，《易传》虽言鬼神，但它的“鬼神”只是自然现象，如《易·系辞上》曰“阴阳不测之谓神”，所谓“神”，是指阴阳二气。鬼神也是一种见之几微的自然功能。《易·说卦》说：

> 神也者，妙万物而为言者也。

《易·系辞上》还提出了“精气”说：

> 精气为物，游魂为变，是故知鬼神之情状。

“鬼神”便是“精气”的变态。精气学说在中国科学和哲学史上可谓影响深远。

《易传》的唯物论和无神论思想是中国传统文化的精华，两千多年来，它熏陶了一代又一代卓越的理性主义哲学家和无神论者。《周易》虽为卜筮之书，却是不信鬼神的，《周易》中没有上帝，也没有神灵，卜筮的吉凶趋避和西方的神学崇拜不一样。

《周易》的吉凶趋避是根据历史的教训和实践

经验为依据的，当时的筮官都是通晓历史和政事的人，有丰富的社会经验，因此《周易》的卦爻辞的吉凶趋避，都是来自对社会和自然的观察。正如《易·系辞上》所说：

> 仰则观象于天，俯则观法于地，观鸟兽之文，与地之宜，近取诸身，远取诸物。于是始作八卦，以通神明之德，以类万物之情。

《周易》的重要价值还在于从自然崇拜直接过渡到辩证法阶段，超越了神学崇拜。《易传》的辩证法之所以达到了很精湛的水平，就是因为从《周易》古经到《易传》超越了神灵崇拜的阶段，从自然崇拜直接向辩证法发展，而没有像欧洲一样经历了一个漫长的神学统治阶段。孔子及儒家尊重《周易》，推崇六经而不信上帝，不信鬼神，使中国在人伦方面摆脱了宗教信仰的束缚，朝着社会人伦的轨道发展，这的确是一个了不起的贡献。

从历史的角度来分析，在当时世界上神学统治的时期，在中国这块土地上却不信鬼神、不信上帝，而向学术方向发展，朝人生修养努力，这不能不说是易学及儒学对中国文化的重要贡献。

中国为什么成为世界上最悠久且唯一未中断的文明古国？中国为什么从来不侵略别人，对其他文明“和而不同”？中国为什么没有陷入西方国家那样的全民族的宗教迷狂？《周易》集中表现出的中国传统文化的刚健、贵和、经世特质就可以使我们明白其中的奥秘所在。

第二章 《周易》与中国伦理—政治型文化

任何一种文化类型的产生，都离不开特定的自然条件和社会历史条件。这就是特定的自然地理环境下的物质生产方式和社会组织结构。从地理环境看，中国处于一种半封闭状态的大陆型地域，与西方地中海沿岸的民族有很大的不同；从物质生产方式看，中国文化植根于农业社会基础之上，封建的小农经济在中国有几千年的历史，这与中亚和西亚的游牧民族、工商业比较发达的海岸民族也有很大的不同；从社会组织结构看，宗法结构在中国漫长的历史中成为维系社会秩序的重要纽带，专制制度在中国延续了两千年，这在世界文化史上也是极为罕见的。上述的历史条件——半封闭的大陆性地域、农业的经济格局、宗法与专制的社会组织结构，相互影响和制约，形成了一个稳定的生存系统，与这个系统相适应，孕育了伦理—政治型的中国传统文化。

这种文化类型不仅在观念的意识形态方面发生着久远的影响，而且也深刻地影响着传统社会心理和人们的行为规范。有人说，如果把西方文化视为“智性文化”，那么中国文化则可以称之为“德性文化”。但是，中国传统文化之重“德”，并不是说它轻“智”，它是一种德智统一、以德摄智的文化。中国文化归于以“求善”为目标的“伦理型”文化，同希腊文化以“求真”为目标的“科学型”文化差异颇大。

在中国文化系统里，本体论和认识论的学说都不太发达，有关宇宙和智力的探讨，往往从属于和落脚于道德问题的基点上。在中国，曾经长期充当维系社会秩序精神支柱的是伦理道德学说。

与伦理中心主义直接相联系的，中国的“治道”特别重视道德感化。中国作为一个富于义务感的民族，其社会意识既不是靠宗教，也不是靠法治支撑，而是依赖建立在宗法制度基础上的伦理观念加以维系。

作为中国传统文化的伦理—政治型的形成发展，既有它的自然条件和社会历史条件，也有它的思想文化的渊源，这就是《周易》这部文化元典（大道之源）的规定和影响。清代经学大师皮锡瑞在《经学通论》中说：

读易者当先知伏羲为何画八卦，其画八卦有何用处？

画卦之功，首在厚君民之别。故曰，上天下泽，履。君子以辨上下，定民志。

作易垂教，所以理人伦而明王道之义。①

---

① （清）皮锡瑞：《经学通论》，中华书局，1954 年，第 2、4 页。

这种认为易学是圣人“作易垂教”的观点实际上并不是皮氏个人的私见，而实为历代学者的共识。早在西汉初，佐刘邦建汉，官至太中大夫的政论家陆贾即说：

> 先圣乃仰观天文，俯察地理，图画乾坤，以定人道，民始开悟，知有父子之亲、君臣之义、夫妇之道、长幼之序。于是百官立，王道乃生。①

清代《四库全书总目》也云：

> 故易之为书，推天道以明人事者也。

因此，虽然《周易》原为一部卜筮之书，涉及许多占问、鬼神之类的原始迷信问题，但它不是一般的筮书，尤其经过《易传》的解释之后，

---

① （汉）陆贾：《新语·道基篇》。

对于鬼神之类大都是虚晃一枪，并不深究，而把注意力集中于世事人伦上。《易传·说卦》认为作《易》者的基本思路是：

> 幽赞于神明而生蓍，参天两地而倚数，观变于阴阳而立卦，发挥于刚柔而生爻，和顺于道德而理于义，穷理尽性以至于命。

由神明、天地、阴阳而及道德、理义、性命，正反映了“推天道以明人事”或者说天道、人事相统一的思路。《周易》的这种天道、人事相统一的思路，规定和影响了整个中国传统文化伦理—政治文化类型的形成和发展。

一、《周易》与儒家

儒家是我国学术思想中崇奉孔子学说的学派，

先秦至汉初时列为“九流十家”之首。其学说内容，主要是遵循尧舜之道，效法周文王、周武王之制，崇尚礼乐和仁义，提倡忠恕和不偏不倚、无过无不及的中庸之道，政治上主张德治和仁政，重视伦理道德教育和自我修身养性。战国时儒家有孟子、荀子等八派。自汉武帝罢黜百家、独尊儒术后，其学说逐渐成为中国封建社会文化的主流。相传孔子及其门人所作《易传》对《周易》古经的解读产生了决定性的影响，标志着儒家易的形成。所谓儒家易，指从根本上坚持儒家立场的学派，从总体上可分为汉学易和宋学易两大流派。

所谓汉学易，这里是指汉代易学的学术范式。汉易作为一种易学研究的范式，其共同的特点是重视《周易》本源的探讨，从不同的学术角度，运用不同的学科方法和材料阐明易学的象数问题，建立象数体系，在易学史上形成了相对独立的象数派易学。汉易学的最大成就是形成了以卦气论为中心的哲学体系，它不仅在易学研究中占有重要地位，而且对中国学术史、思想史、哲学史和文化史有着深远的影响。

所谓宋学易，是与“汉学”相对，通过两宋诸多理学家的多方努力而创造的我国封建社会中后期最完备的理论体系。它以“理”作为宇宙体系和哲学思辨结构的最高范畴，所以被称为理学。它以尧、舜、禹、汤、文、武、周、孔的继承者自居，以“明道”为其治学的终极目的，故亦称道学。其学术思想虽以儒家礼法、伦理为核心，却因融合佛道思想精粹而区别于原始儒学，故称新儒学。其派别甚多，重要的有朱熹理学派、陆九渊心学派、叶适永嘉学派等。宋学易是宋代新儒家易学的统称，用以指同汉易学相对立的易学形态。其学术特点表现为：一反汉易追求《周易》古经文字训诂方面的解释，注重因经明道，以探求《周易》所蕴含的哲理为目的，以阐明《周易》的义理为宗旨；创造“图书之学”，把汉易中的象数学进一步哲理化和数理化。

关于孔子之后，儒家的解《易》系统以及易

学发展的基本脉络，《周易文化讲论·易学简史》一书做了较清晰地讲述。下面具体论述儒家易学对中国文化的深刻影响。

（一）《周易·大象传》构成了中国传统文化的核心价值观

（1）《乾》卦（䷀）：“《象》曰：天行健，君子以自强不息。”《象传》说：《乾》卦下乾上乾，乾为天，象征天道运行不息，这就是《乾》卦的卦象。君子观此卦象，从而奋发向上，永远不懈怠。

（2）《坤》卦（䷁）：“《象》曰：地势坤，君子以厚德载物。”《象传》说：《坤》卦下坤上坤，坤为地，象征大地深厚宁静，这就是《坤》卦的卦象。君子观此卦象，从而加强道德修养，以包容天下万物。

（3）《屯》卦（䷂）：“《象》曰：云雷，屯。君子以经纶。”《象传》说：《屯》卦下震上坎，震为雷，坎为云为水，象征云行于上，雷动于下，这就是《屯》卦的卦象。君子观此卦象，从而考虑如何治理国家。

(4)《蒙》卦(䷃):“《象》曰:山下出泉,蒙。君子以果行育德。”《象传》说:《蒙》卦上艮下坎,艮为山,坎为水为泉,象征山下流出泉水,这就是《蒙》卦的卦象。君子观此卦象,从而采取果断的行动,培养自己的品德。

(5)《需》卦(䷄):“《象》曰:云上于天,需。君子以饮食宴乐。”《象传》说:《需》卦上坎下乾,坎为水为云,乾为天,象征云升上天空,这就是《需》卦的卦象。君子观此卦象,从而注重饮食安乐。

(6)《讼》卦(䷅):“《象》曰:天与水违行,讼。君子以作事谋始。”《象传》说:《讼》卦上乾下坎,乾为天,坎为水,象征日月向西运行,水向东奔流,两者的运行方向正好相反,这就是《讼》卦的卦象。君子观此卦象,从而在刚开始做事时就妥善地谋划。

(7)《师》卦(䷆):“《象》曰:地中有水,师。君子以容民畜众。”《象传》说:《师》卦上坤下坎，坤为地，坎为水，象征大地中聚积着水，这就是《师》卦的卦象。君子观此卦象，从而容纳并养育民众。

（8）《比》卦（䷇）：“《象》曰：地上有水，比。先王以建万国，亲诸侯。”《象传》说：《比》卦下坤上坎，坤为地，坎为水，象征大地上有水，这就是《比》卦的卦象。先王观此卦象，从而建立众多国家，亲近各地诸侯。

（9）《小畜》卦（䷈）：“《象》曰：风行天上，小畜。君子以懿文德。”《象传》说：《小畜》卦下乾上巽，乾为天，巽为风，象征天空中刮着风，这就是《小畜》的卦象。君子观此卦象，从而努力使自己的文章、道德更加完美。

（10）《履》卦（䷉）：“象曰：上天下泽，履。君子以辩上下，定民志。”《象传》说：《履》卦上乾下兑，乾为天，兑为泽，象征天在上，泽在下，这就是《履》卦的卦象。君子观此卦象，从而分别上下尊卑，统一民众的思想。

（11）《泰》卦（䷊）：“《象》曰：天地交，

泰。后以财成天地之道，辅相天地之宜，以左右民。”《象传》说：《泰》卦下乾上坤，乾为天，坤为地，象征天地阴阳之气相交，这就是《泰》卦的卦象。君主观此卦象，从而根据天地运行的规律进行裁度调节，安排相应活动以辅助天地间的变化，以此治理百姓。

(12)《否》卦（䷋）：“《象》曰：天地不交，否。君子以俭德避难，不可荣以禄。”《象传》说：《否》卦上乾下坤，乾为天，坤为地，象征天地阴阳之气不相交合，这就是《否》卦的卦象。君子观此卦象，从而遵循节俭的美德以躲避灾难，不要以享受俸禄为荣。

(13)《同人》卦（䷌）：“《象》曰：天与火，同人。君子以类族辨物。”《象传》说：《同人》卦上乾下离，乾为天，离为火，象征天与火性质一致，这就是《同人》卦的卦象。君子观此卦象，从而对人群进行归类，对事物进行分别。

(14)《大有》卦（䷍）：“《象》曰：火在天上，大有。君子以遏恶扬善，顺天休命。”《象传》说：《大有》卦下乾上离，乾为天，离为火，象征天上有火，这就是《大有》卦的卦象。君子观此卦象，从而制止恶行，褒扬善行，顺从美善的天命。

（15）《谦》卦（䷎）：“《象》曰：地中有山，谦。君子以裒多益寡。”《象传》说：《谦》卦上坤下艮，坤为地，艮为山，象征大地的下面有山，这就是《谦》卦的卦象。君子观此卦象，从而取有余而补不足，称量财物的多少，公平地施于众人。

（16）《豫》卦（䷏）：“《象》曰：雷出地奋，豫。先王以作乐崇德，殷荐之上帝，以配祖考。”《象传》说：《豫》卦上震下坤，震为雷，坤为地，象征雷出地而震动，这就是《豫》卦的卦象。先王观此卦象，从而制作音乐，推崇功德，并把丰盛的祭品进献给上帝和祖先。

（17）《随》卦（䷐）：“《象》曰：泽中有雷，随。君子以向晦入宴息。”《象传》说：《随》卦上兑下震，兑为泽，震为雷，象征雷在泽中，这就是《随》卦的卦象。君子观此卦象，从而在天将黑时入室休息。

(18)《蛊》卦(䷑)："《象》曰：山下有风，蛊。君子以振民育德。"《象传》说：《蛊》卦上艮下巽，象征山下在刮风，这就是《蛊》卦的卦象。君子观此卦象，从而济助民众，并培养他们的道德。

(19)《临》卦(䷒)："《象》曰：泽上有地，临。君子以教思无穷，容保民无疆。"《象传》说：《临》卦下兑上坤，兑为泽，坤为地，象征水泽上面有大地，这就是《临》卦的卦象。君子观此卦象，从而不断地教育、关心民众，无止境地包容、保护民众。

(20)《观》卦(䷓)："《象》曰：风行地上，观。先王以省方观民设教。"《象传》说：《观》卦下坤上巽，坤为地，巽为风，象征大地上刮着风，这就是《观》卦的卦象。先王观此卦象，从而巡视四方，观察民情，设立教化。

(21)《噬嗑》卦(䷔)："《象》曰：雷电，

噬嗑，先王以明罚敕法。”《象传》说：《噬嗑》卦下震上离，震为雷，离为火为电，象征雷鸣电闪，这就是《噬嗑》卦的卦象。先王观此卦象，从而严明刑罚，整饬法令。

（22）《贲》卦（䷕）：“《象》曰：山下有火，贲。君子以明庶政，无敢折狱。”《象传》说：《贲》卦上艮下离，艮为山，离为火，象征山下有火闪耀，这就是《贲》卦的卦象。君子观此卦象，从而明察各项政事，不敢轻易判决案件。

（23）《剥》卦（䷖）：“《象》曰：山附于地，剥。上以厚下安宅。”《象传》说：《剥》卦上艮下坤，艮为山，坤为地，象征山附着在大地上，这就是《剥》卦的卦象。在上的统治者观此卦象，从而加厚房屋的基础，使房屋更加坚固。

（24）《复》卦（䷗）：“《象》曰：雷在地中，复。先王以至日闭关，商旅不行，后不省方。”《易传》说：《复》卦下震上坤，震为雷，坤为地，象征雷藏于大地之中，这就是《复》卦的卦象。先王观此卦象，从而在冬至日封闭关卡，不便商旅之人往来，君主不巡视四方。

（25）《无妄》卦（䷘）："《象》曰：天下雷行，物与，无妄。先王以茂对时育万物。"《象传》说：《无妄》卦下震上乾，震为雷，乾为天，象征雷在天的下面震动，万物随之生长，这就是《无妄》卦的卦象。先王观此卦象，从而努力配合时令，养育万物。

（26）《大畜》卦（䷙）："《象》曰：天在山中，大畜。君子以多识前言往行，以畜其德。"《象传》说：《大畜》卦上艮下乾，艮为山，乾为天，象征山中蕴涵着天，这就是《大畜》卦的卦象。君子观此卦象，从而广泛地记取前人有价值的言行，以培养自己的道德。

（27）《颐》卦（䷚）："《象》曰：山下有雷，颐。君子以慎言语，节饮食。"《象传》说：《颐》卦上艮下震，艮为山，震为雷，象征山下有雷震动，这就是《颐》卦的卦象。君子观此卦象，从而说话小心谨慎，并注意节制自己的饮食。

（28）《大过》卦（䷛）："《象》曰：泽灭

木，大过。君子以独立不惧，遁世无闷。”《象传》说：《大过》卦上兑下巽，兑为泽，巽为木，象征泽水把树木淹没，这就是《大过》卦的卦象。君子观此卦象，从而特立独行，毫不畏惧，隐居避世而不感到烦闷。

（29）《坎》卦（䷜）：“《象》曰：水洊至，习坎。君子以常德行，习教事。”《象传》说：《坎》卦下坎上坎，坎为水，象征水接续而至，这就是《坎》卦的卦象。君子观此卦象，从而恒久保持其德行，并不断地学习政教之事。

（30）《离》卦（䷝）：“《象》曰：明两作，离。大人以继明照于四方。”《象传》说：《离》卦下离上离，离为明，象征光明接续而起，这就是《离》卦的卦象。大人观此卦象，从而连续不断地用光明之德照耀四方。

（31）《咸》卦（䷞）：“《象》曰：山上有泽，咸。君子以虚受人。”《象传》说：《咸》卦下艮上兑，艮为山，兑为泽，象征山上有泽，这就是《咸》卦的卦象。君子观此卦象，从而虚心接纳别人。

(32)《恒》卦（䷟）:“《象》曰：雷风，恒。君子以立不易方。”《象传》说：《恒》卦上震下巽，震为雷，巽为风，象征雷和风并作，这就是《恒》卦的卦象。君子观此卦象，从而确立恒常不变的规则。

(33)《遁》卦（䷠）:“《象》曰：天下有山，遁。君子以远小人，不恶而严。”《象传》说：《遁》卦上乾下艮，乾为天，艮为山，象征天空下面矗立着大山，这就是《遁》卦的卦象。君子观此卦象，从而远离小人，不明显表现出对小人的厌恶，内心则严守原则。

(34)《大壮》卦（䷡）:“《象》曰：雷在天上，大壮。君子以非礼弗履。”《象传》说：《大壮》卦上震下乾，震为雷，乾为天，象征雷在天空中震动，这就是《大壮》卦的卦象。君子观此卦象，从而不去做不符合礼的事情。

(35)《晋》卦（䷢）:“《象》曰：明出地上，晋。君子以自昭明德。”《象传》说：《晋》

卦上离下坤，离为火为日，坤为地，象征太阳从大地上升起，这就是《晋》卦的卦象。君子观此卦象，从而昭显自己光明的美德。

（36）《明夷》卦（䷣）：“《象》曰：明入地中，明夷。君子以莅众，用晦而明。”《象传》说：《明夷》卦下离上坤，离为日，坤为地，象征太阳没入大地之中，这就是《明夷》卦的卦象。君子观此卦象，从而在治理民众时晦藏不露，却明察一切。

（37）《家人》卦（䷤）：“《象》曰：风自火出，家人。君子以言有物而行有恒。”《象传》说：《家人》卦上巽下离，巽为风，离为火，象征风从火中吹出，这就是《家人》卦的卦象。君子观此卦象，从而说话有根据，行动能持之以恒。

（38）《睽》卦（䷥）：“《象》曰：上火下泽，睽。君子以同而异。”《象传》说：《睽》卦上离下兑，离为火，兑为泽，象征火焰上炎而泽水下流，这就是《睽》卦的卦象。君子观此卦象，从而探究同类事物的不同之处。

（39）《蹇》卦（䷦）："《象》曰：山上有水，蹇。君子以反身修德。"《象传》说：《蹇》卦下艮上坎，艮为山，坎为水，象征高山上有水，这就是《蹇》卦的卦象。君子观此卦象，从而严格要求自己，修养自己的道德。

（40）《解》卦（䷧）："《象》曰：雷雨作，解。君子以赦过宥罪。"《象传》说：《解》卦上震下坎，震为雷，坎为水为雨，象征雷雨兴作，这就是《解》卦的卦象。君子观此卦象，从而赦免他人的过失，宽宥他人的罪行。

（41）《损》卦（䷨）："《象》曰：山下有泽，损。君子以惩忿窒欲。"《象传》说：《损》卦上艮下兑，艮为山，兑为泽，象征山的下面有水泽，这就是《损》卦的卦象。君子观此卦象，从而克制自己愤怒的情绪，遏抑自己过度的欲望。

（42）《益》卦（䷩）："《象》曰：风雷，益。君子以见善则迁，有过则改。"《象传》说：《益》卦上巽下震，巽为风，震为雷，象征风雷激荡，这就是《益》卦的卦象。君子观此卦象，从而见到善行就去追随仿效，有过失就立刻改正。

(43)《夬》卦（䷪）：“《象》曰：泽上于天，夬。君子以施禄及下，居德则忌。”《象传》说：《夬》卦上兑下乾，兑为泽，乾为天，象征泽水滔天，这就是《夬》卦的卦象。君子观此卦象，从而施恩惠于下民，若居积不施，则会招来忌恨。

(44)《姤》卦（䷫）：“《象》曰：天下有风，姤。后以施命诰四方。”《象传》说：《姤》卦下巽上乾，巽为风，乾为天，象征风在天空下吹动，这就是《姤》卦的卦象。君子观此卦象，从而发布命令，遍告四方。

(45)《萃》卦（䷬）：“《象》曰：泽上于地，萃。君子以除戎器，戒不虞。”《象传》说：《萃》卦下坤上兑，坤为地，兑为泽，象征水泽在地的上面，这就是《萃》卦的卦象。君子观此卦象，从而修治兵器，以防备意外之事。

(46)《升》卦（䷭）：“《象》曰：地中生木，升。君子以顺德，积小以高大。”《象传》说：《升》卦上坤下巽，坤为地，巽为木，象征地上生长树木，这就是《升》卦的卦象。君子观此卦象，从而顺从事物的特性，使其逐渐积累，由小变大。

(47)《困》卦（䷮）：“《象》曰：泽无水，困。君子以致命遂志。”《象传》说：《困》卦上兑下坎，兑为泽，坎为水，象征泽中无水，这就是《困》卦的卦象。君子观此卦象，从而宁可献出生命，也要为实现自己的志向而奋斗。

(48)《井》卦（䷯）：“《象》曰：木上有水，井。君子以劳民劝相。”《象传》说：《井》卦下巽上坎，巽为木，坎为水，象征用木制的器具把水汲上来，这就是《井》卦的卦象。君子观此卦象，从而慰劳民众，并劝勉他们互相帮助。

(49)《革》卦（䷰）：“《象》曰：泽中有火，革。君子以治历明时。”《象传》说：《革》卦上兑下离，兑为泽，离为火，象征泽中有火，这就是《革》卦的卦象。君子观此卦象，从而制定历法，明确时序变化。

(50)《鼎》卦（䷱）：“《象》曰：木上有

火，鼎。君子以正位凝命。”《象传》说：《鼎》卦下巽上离，巽为木，离为火，象征木头正在燃烧，这就是《鼎》卦的卦象。君子观此卦象，从而端正自己的位置，完成自己的使命。

（51）《震》卦（䷲）：“《象》曰：洊雷，震。君子以恐惧修省。”《象传》说：《震》卦下震上震，震为雷，象征雷接续而至，这就是《震》卦的卦象。君子观此卦象，从而心中惶恐惊惧，重视修身反省。

（52）《艮》卦（䷳）：“《象》曰：兼山，艮。君子以思不出其位。”《象传》说：《艮》卦下艮上艮，艮为山，象征两座山相重叠，这就是《艮》卦的卦象。君子观此卦象，从而不超越自己的本位去思考问题。

（53）《渐》卦（䷴）：“《象》曰：山上有木，渐。君子以居贤德善俗。”《象传》说：《渐》卦下艮上巽，艮为山，巽为木，象征山上有树木生长，这就是《渐》卦的卦象。君子观此卦象，从而不断地修养自己的美德并改善风俗。

（54）《归妹》卦（䷵）："《象》曰：泽上有雷，归妹。君子以永终知敝。"《象传》说：《归妹》卦下兑上震，兑为泽，震为雷，象征大泽上有雷声震动，这就是《归妹》的卦象。君子观此卦象，从而努力使夫妻关系保持至终，并知道婚姻不和谐的弊病。

（55）《丰》卦（䷶）："《象》曰：雷电皆至，丰。君子以折狱致刑。"《象传》说：《丰》卦上震下离，震为雷，离为火为电，象征雷电交加，这就是《丰》卦的卦象。君子观此卦象，从而明智地判决案件，严厉地实施刑罚。

（56）《旅》卦（䷷）："《象》曰：山上有火，旅。君子以明慎用刑，而不留狱。"《象传》说：《旅》卦下艮上离，艮为山，离为火，象征山上有火在燃烧，这就是《旅》卦的卦象。君子观此卦象，从而在施用刑罚时明察慎重，又不拖延对案件的审判。

（57）《巽》卦（䷸）："《象》曰：随风，巽。君子以申命行事。"《象传》说：《巽》卦下巽上巽，巽为风，象征风与风相随而吹，这就是《巽》卦的卦象。君子观此卦象，从而不断申述命令，推行政事。

(58)《兑》卦（䷹）：“《象》曰：丽泽，兑。君子以朋友讲习。”《象传》说：《兑》卦下兑上兑，兑为泽，象征泽与泽相连，这就是《兑》卦的卦象。君子观此卦象，从而与朋友一起切磋学习。

(59)《涣》卦（䷺）：“《象》曰：风行水上，涣。先王以享于帝，立庙。”《象传》说：《涣》卦上巽下坎，巽为风，坎为水，象征风在水面上吹拂，这就是《涣》卦的卦象。先王观此卦象，从而祭祀天帝，建立宗庙。

(60)《节》卦（䷻）：“《象》曰：泽上有水，节。君子以制数度，议德行。”《象传》说：《节》卦下兑上坎，兑为泽，坎为水，象征泽的上面有水，这就是《节》卦的卦象。君子观此卦象，从而制订礼教法度，评议道德行为的标准。

(61)《中孚》卦（䷼）：“《象》曰：泽上有

风，中孚。君子以议狱缓死。”《象传》说：《中孚》卦下兑上巽，兑为泽，巽为风，象征大泽上有风吹拂，这就是《中孚》卦的卦象。君子观此卦象，从而慎重地审理案件，宽缓对死刑的判决。

（62）《小过》卦（䷽）：“《象》曰：山上有雷，小过。君子以行过乎恭，丧过乎哀，用过乎俭。”《象传》说：《小过》卦下艮上震，艮为山，震为雷，象征山上有雷震动，这就是《小过》卦的卦象。君子观此卦象，从而行为比一般人更为恭敬，居丧时比一般人更为哀痛，消费比一般人更为节俭。

（63）《既济》卦（䷾）：“《象》曰：水在火上，既济。君子以思患而豫防之。”《象传》说：《既济》卦上坎下离，坎为水，离为火，象征水在火的上面，这就是《既济》卦的卦象。君子观此卦象，从而考虑有可能出现祸患而事先加以预防。

（64）《未济》卦（䷿）：“《象》曰：火在水上，未济。君子以慎辨物居方。”《象传》说：《未济》卦上离下坎，离为火，坎为水，象征火在水的上面，这就是《未济》卦的卦象。君子观此卦象，从而审慎地辨别事物并使其各居于合适的地方。

《大象传》的思想纯粹是儒家思想，清末民初学者刘师培先生在《经学教科书》中指出：

> 《易·象传》所言君子当法《易》道以作事耳。故所言之伦理，有对个人者，有对于家族者，有对于社会者，有对于国家者。①

现分述如下。《大象传》言个人伦理者有：

> 《乾》自强不息
> 《蒙》果行育德
> 《小畜》懿文德
> 《否》俭德避难
> 《大畜》多识前言往行，以畜其德

① 刘师培：《经学教科书》，上海古籍出版社，2006年，第233页。

《颐》慎言语，节饮食

《大过》独立不惧，遁世无闷

《坎》常德行

《恒》立不易方

《大壮》非礼弗履

《晋》自昭明德

《蹇》反身修德

《损》惩忿窒欲

《益》迁善改过

《升》顺德积小高大

《困》致命遂志

《鼎》正位凝命

《震》恐惧修省

《艮》思不出位

《归妹》永终知敝

《小过》行过恭，丧过哀，用过俭

《大象传》言于家族伦理者有：

《随》向晦入息

《家人》言有物，行有恒

《大象传》言于社会伦理者有：

《坤》厚德载物

《需》饮食宴乐

《同人》类族辨物

《谦》裒多益寡

《坎》习教事

《咸》以虚受人

《遁》远小人不恶而严

《睽》以同而异

《夬》施禄及下

《渐》居贤德善俗

《兑》朋友讲习

《未济》辨物居方

《大象传》言于国家者有：

《屯》经纶

《师》容民畜众

《履》辩上下，定民志

《大有》遏恶扬善

《蛊》振民育德

《临》教思无穷，保民无疆

《贲》明庶政，无敢折狱

《明夷》莅众用晦而明

《解》赦过宥罪

《萃》除戎器

《困》致命遂志

《井》劳民劝相

《革》治历明时

《鼎》正位凝命

《丰》折狱致刑

《旅》明慎用刑

《巽》申命行事

《节》制度数议德行

《中孚》议狱缓死

《既济》思患豫防

刘师培上述《大象传》四个方面的伦理，家族伦理属于社会伦理，实质上是国家、社会、个人三个层面的伦理，这和我们今天倡导的社会主义核心价值观国家、社会、个人三个层面恰好对应。笔者认为，《大象传》阐述的关于国家、社会、个人伦理的思想是中国传统文化价值观的集中概括和体现。我们今天大力倡导的社会主义核心价值观的三个层面、十二个方面的内容都能在《周易·大象传》中找到它相关的思想渊源。无疑，它是我们今天倡导的社会主义核心价值观的大道之源。

（二）儒家的伦理思想

《周易》对中国传统伦理文化的重大影响突出表现在以下四个方面：

第一，《周易》具有强烈的重德思想。"德"字在《易经》中出现了多次，它已经清楚地包含着道德行为、道德品质并兼有道德评价的意义。

《易·益·九五》曰：

> 有孚惠心，勿问元吉，有孚惠我德。

据高亨解释：孚，古俘字。惠，安抚。问，遗人以物谓之问。元，大也。爻辞言：筮遇此爻，有俘虏用好言好语安抚而无须物质优待，是大吉，有俘虏顺从我之德行。《易传》一般解孚为信。王引之曰：

> 惠，顺也。有孚惠心者，言我信于民，顺民之心也。有孚惠我德者，言民信于我，顺我之德也。

此释与《易传》相合。关于“孚”字是指俘虏还是信实，这是可以研究的，究竟应当怎样解释，尚待进一步研论。但是，我们可以看到“德”字已经明显地包含个人德行的意义了。此外，《易·讼·六三》曰：

食旧德，贞厉，终吉。或从王事，无成。

食，昔为饬，即修饬。旧德，是指固有的品德，这里并不是指个人的品德，而是指当时社会即统治阶级所要求的品德。“食旧德”，意为修饬自身，使自己的言行合于固有的道德。这里明确地认为，如能修养固有之美德，占问虽有危险，最终还是吉利的。

《易·恒·九三》曰：

不恒其德，或承之羞，贞吝。

是说人如果不能恒久地保持自己的品德，一定会遭到他人的羞辱，不免招致困难，所以卜筮遇到此爻，则吝。

《易·恒·六五》曰：

恒其德，贞，妇人吉，夫子凶。

一般人都解释为，妇人以从夫之义，其必一轨，故恒其德以从夫则吉，夫子要因事制宜，其必多方，恒则凶。这个解释还没有把《恒》卦本来的完整的意义解释清楚，但其强调了“恒其德”的重要意义，有一定的可取之处。

孔子与《周易》有很深的关系，历史文献记载了孔子读《易》、解《易》、传《易》、序《易》的有关情况。《周易》对孔子发生了重要的影响。孔子曾经说：

> 加我数年，五十以学《易》，可以无大过矣。①

孔子为什么说学习《周易》就可以使自己不会有大的过错呢？很显然，他是从自己的品德修养方面来看《周易》这部著作的，或者说，孔子是把《周易》当作一部很重要的有关道德的书来读的。

---

① 《论语·述而》。

《史记·孔子世家》中说：

孔子晚而喜《易》，读《易》韦编三绝。

孔子晚年是那样地喜读《周易》，以至于穿《周易》竹简的牛皮绳子都被他用断了三次。这应当说是有历史根据的，并不是一般的溢美之词。

相传孔子曾经编订《周易》，并且把它作为弟子进行品德教育的课本，他重视《周易》也就是合情合理、理所当然的了。孔子究竟有没有序《易》作《易传》，自北宋欧阳修质疑以来，一直到现代有不同看法，但马王堆汉墓出土的帛书《周易》证明了他至少与《易传》有很深的关系。

帛书《周易·二三子问》说："德与天道始。"《要》篇说："无德则不能知《易》。""德"被认为是与天道同等重要的根本因素，是人成为人的根本。《彖》基本上是通过卦象的分析来阐扬卦德，此德也即是流行于宇宙间的基本法则。《象》尤其是《大象》，则进一步通过卦爻之象或卦德，来阐明君子的成人之德。《象传》所提六十四条修养原则牵涉道德修养、治国平天下方方面面的内容，但中心是重德、崇德。《大象传》明显提到德的地方有十四处，即厚德、育德、懿德、俭德、崇德、蓄德、明德、修德、顺德、德行。

孔子发现了《周易》的德义以后常以德义解《易》，如第一章所论述的“三陈九德”说，就是孔门重视德义思想的例证。又如《易·坤·文言》曰：

> 直，其正也；方，其义也。君子敬以直内，义以方外，敬以立而德不孤。

直，是指内心正直；方，是指行事合乎道义。君子以诚敬的态度使自己内心正直，实行道义使自己的行为方正。内心诚敬，行动上践行道义，君子的德行会产生广泛的影响。“敬以直内”，是以敬来契合自身的内在生命之根源，通过切实笃厚的功夫来立己，来神会形上之大道；“义以方外”，是以义来挈矩身外的世界，不同流合污，不违犯人伦之大常、天地之大义。这里从道德修养、伦理实践两方面对人的德行提出了要求。

崇德修己，在《周易》中乃是君子立身处世的基础。《易·系辞下》说：

> 君子安其身而后动，易其心而后语，定其交而后求，君子修此三者，故全也。

君子在安定自身后再采取行动，在内心平静后再说话，确定交情后再向人求助。君子能做到这三个方面，所以做事才能周全完备。

《周易》认为，只要有了崇高的道德，就将无往而不吉。《易·离·六二》曰："黄离，元吉。"《象》云："黄离元吉，得中道也。"六二因得中道之美德，故大吉。有德与否，已成为判断利与不利、吉与不吉的根据。

第二，《周易》阐述了"天道"与"人道"合一的宇宙伦理模式。本书第一章在谈天人合一时已介绍了《周易》从宇宙形成、宇宙体系结构、性天相通、天人和谐四个角度论证天人合一，这其中表现了“天道”与“人道”合一的宇宙伦理模式。

第三，《周易》提倡“君子”的理想人格。在《周易》中，“大人”“君子”和“小人”在多处出现。我们对此加以分析研究，就可以发现当时的人们已经很明确地区分了政治理想和道德理想，把“大人”看作在位的、有权势的人的代称，把“君子”看作道德高尚的人的代称。《周易》古经中谈到的“大人”共有十三处，都是指的“有位之称”；谈到“君子”的共有二十处，几乎全都是指道德高尚的人，或者说道德高尚的人是怎么样的，是应当如何的。

根据《周易》古经的原意，我们可以说：“大人”是在位的，但他可以没有道德（当然，“大人”也可以有道德），“君子”必须是有道德的，但可以不在位（当然，“君子”也可以在位）。因此，一般来说，把“大人”解作有权势的人，把“君子”解作有才德的人，是比较合适的。

《易传》对“君子之道”做了论证。《易传》以阴阳之道为根据区分了“君子之道”和“小人之道”。《易·系辞下》曰：

> 阳卦奇，阴卦偶，其德行何也？阳一君而二民，君子之道也。阴二君而一民，小人之道也。

阳卦中阴爻多，阴卦中阳爻多，这是什么原因呢？这是因为阳卦中的阳爻是奇数，阴卦中的阳爻是偶数。阳卦和阴卦各自代表什么样的德行呢？为什么说阳卦借助一君统治二民，体现了君子之道；阴卦代表二君统治一民，反映的是小人之道呢？

《震》（☳）、《坎》（☵）、《艮》（☶）的卦画皆五，是奇数，为阳卦。其中，一阳爻、两阴爻，阳爻象君，阴爻象民，一君统治二民，君权集中，阳道盛行，所以是“君子之道”，由一阳二阴，阳尊阴卑推衍出君主专制主义。而《巽》（☴）、《离》（☲）、《兑》（☱）的卦画皆四，是偶数，为阴卦。其中，两阳爻、一阴爻，二君统治一民，君权分散，阴道盛行，不符合阳尊阴卑的天道，所以是“小人之道”。

《易传》还根据卦象，即由阴阳之道，直接推衍出上述《象传》六十四条所指出的君子应有的品格和统治方法。因此，《易·文言》说：“夫大人者与天地合其德。”就是说，按照阴阳之道而能达到与天地德行一体，就是最高的道德境界，这样的人就是“大人”，也就是儒家所冀求的理想人格。

第四，《周易》阐述了仁、义、礼、忠、信、谦、孝、节等伦理规范。《易·说卦》曰：

> 是以立天之道曰阴与阳，立地之道曰柔与刚，立人之道曰仁与义。兼三才两之，故《易》六画而成卦。

意思是说，因此确立天道为阴和阳，确立地道为柔与刚，确立人道为仁和义。把包括天、地、人三才的两个三画卦相重叠，所以《周易》以六爻组成一卦；六爻又分为阴位和阳位，阴爻和阳爻更迭居于阴位和阳位上，所以《周易》的六爻组成了一个丰富多彩的世界。

这里提出了天道、地道、人道的关系，其中，为人之道的基本准则是“仁”与“义”。仁的核心是爱。《易·坤·象》说“君子以厚德载物”，就是主张人们要效法大地，以宽厚的胸怀承载、养育万物，以慈爱宽容之心处理人际关系。朱熹《周易本义·文言》解释说：

> 以仁为体，则无一物不在所爱之中，故足以长人。①

指出统治者需以仁爱之心体恤人民疾苦，才能治

---

① （宋）朱熹撰，廖明春点校：《周易本义》，中华书局，2009年，第35页。

理好人民，受到人民的爱戴。义的核心是公正无私、处事得宜。《易·乾·文言》说：

> 利物，足以和义。

就是说使万物得利，使他人受惠，才可以达到和谐的状态。义就是要公正无私、伸张正义、见利思义、仗义疏财、舍生取义。《易·序卦》说：

> 物畜然后有礼，故受之以履。

这里的履是什么意思？履者，礼也，“履而泰然后安”。故履之泰，泰者通也。《易·系辞下》曰“履和而至”，“履以和行”。履为礼，礼以和为贵。履以和行，即礼以和谐行事。礼是社会和谐的一个重要方面，礼是文明的一个重要标志。《易·系辞上》说：

> 知崇礼卑，崇效天，卑法地。天地设位，

而《易》行乎其中矣。

意思是说，智慧要崇高，而礼仪贵在谦卑；崇高的智慧仿效天，谦卑的礼仪效法地。天地确立了尊卑高下的位置，《周易》之道就在其中运行了。

习礼、重礼、行礼是人生处世的一个重要内容。《易传》宣扬为人处世讲究忠诚，《易·乾·文言》曰：

君子敬德修业。忠信，所以进德也；修辞立其诚，所以居业也。

意思是说，君子增进道德修养，建立功业。忠诚守信，可以增进道德，言辞反映内心的真实想法，可以使自己的事业积累壮大。

《易传》宣扬孔子的思想，提倡君子应当不断提高个人品德修养，完善自己的事业，注重忠信。《易·系辞上》：

君不密则失臣，臣不密则失身。几事不密则害成，是以君子慎密而不出也。

《易传》讲的忠与后世的忠君观念是有区别的，其含义是真心诚意，尽心竭力地为人、为事。讲求忠信，是为了增进品德，修饰言辞。以诚信为本，是为了立业。

《周易·中孚》卦说："有孚挛如，无咎。"即有忠信之行，能够挛然一贯，便无灾咎。《未济》卦又说："君子之光有孚，吉。"是说君子之光荣是言行有信，所以得吉。"孚"字在《周易》各卦的爻辞中出现多达二十五次，仅次于元、亨、利、贞四字，而《中孚》卦更是专讲孚（信）的，足见孚在《周易》中的地位。《易·序卦》说：

节而信之，故受之以中孚。

意思是说，能节制就会受到信任，所以继之以

《中孚》卦。《易·杂卦》说“中孚，信也”，就是说中孚讲的是信用。这是《易传》重视的处世原则。

《易·序卦》曰：

> 有大者不可以盈，故受之以谦。

《大有》为大其所有，所有既大，则切忌盈满而走向反面，故继《大有》之后为《谦》卦，谦为谦退不自满。

《谦》卦（䷎）卦体艮下坤上，艮为山，坤为地，其象为地中有山。山本在地上，现居于地之下，是损高就低，有谦退之义。“谦”是对自己的才能、成就自信而不自负的谦虚态度。《易经·谦》卦的卦象为下卦（内）艮象征山、止；上卦（外）坤象征顺、地。内心知道抑制，外表展现柔顺，这就是谦虚的态度。从《谦》卦的卦辞到各爻辞再到《易传》的《彖传》《小象传》多处阐述了谦虚的各种情形和效用。

《谦》卦把谦划分为“鸣谦”“劳谦”“㧑谦”三类。所谓鸣谦，指有名而且谦虚；所谓“劳谦”，指有功劳而谦虚；所谓“㧑谦”，指发奋而谦虚。《易·谦·象》：

谦谦君子，卑以自牧也。

意思是说，君子十分谦虚，指用谦虚的态度来自我修养。这句话是解释初六爻辞“谦谦君子”的。初六处谦之最下，是谦而又谦的君子，以卑下之道自养其德行。

《易·系辞》释《易·谦·九三》“劳谦君子，有终吉”说：

劳而不伐，有功而不德，厚之至也。

是说有劳绩而不自夸，有功劳而不自满，这是极其厚道的，说明勤劳而谦虚，就会有吉利的结果。《易·咸·象》曰：“君子以虚受人。”是说要虚心接受别人的意见。《易·谦·象》曰：

> 谦亨。天道下济而光明，地道卑而上行。天道亏盈而益谦，地道变盈而流谦，鬼神害盈而福谦，人道恶盈而好谦。谦，尊而光，卑而不可逾，君子之“终”也。

这就是说，以天道言之，乾天之阳光只有下交于地面，才能呈现其光明，地道卑谦才能使阴气上行而与阳气相交，不卑就不能上行，谦为谦卑就下，就下则亨通。天道日月的运动变化，盈满则亏损，谦虚则增益；高山是盈满的，倾坏而反陷，峡谷是卑下的，沙石淤积却增高；天地阴阳造就万物，盈满则祸至而灭亡，谦损而福来而新生；骄傲自满的人，人人都厌恶，谦虚谨慎的人，人人都喜爱。九三以刚爻而居下卦，处于卑下的地位，以阳刚尊贵之体而处卑下之位，说明其谦恭之德没有能超过的，唯君子能做到这一点。

另外《易传》还提倡孝，《易·萃·象》：

王假有庙，致孝亨也。

王到家庙享祀，是孝的行为。子女不仅要孝顺父母，推而上之对祖先也要孝。在家族宗法制社会里，孝不仅维护家庭和睦，而且是国家不动乱而长治久安的重要原则。

“节”的道德要求在《易传》中也有所反映，《易·家人·象》：

妇子嘻嘻，失家节也。

如果妇女儿童都嬉皮玩笑无所畏惧，这一定是治家不严，家教失去了节度。

《易·恒·象》：

妇人贞吉，从一而终也。夫子制义，从妇凶也。

“从一而终”，是说具有这种恒常德性的妇人，能够从一夫而终其身。男子行夫道，用刚不用柔，唯用刚，才能用阳刚去裁制事理而得其宜并合于义，故言“夫子制义”。如果质柔而用刚，就没有裁制事理的能力，必然听任妇人的摆布而招致凶险，故言“从妇凶”。《易传》这里的“节”是男尊女卑观念，后来演化出“夫为妻纲”的封建礼教，这是应该否定的。但“节”还有节约、节俭的意思。

《易·节·彖》：

> 节，亨，刚柔分而刚得中。“苦节不可贞”，其道穷也。

是说节制可致亨通，但过分的节制是不可以的，而应该持正、适中。《易·节·彖》又曰：

> 说以行险，当位以节，中正以通。天地节而四时成。节以制度，不伤财，不害民。

意思是说，心情愉快地去涉险犯难，处于适当的位置而有节制，持守中正之道而得以畅通无阻。天地有节度，从而形成了一年四季。按照节制的原则，就不会浪费财物，不会损害民众。也就是强调节俭应有个度，把握好这个中正的度，那么即可大发展，又不必苦行；另外，有节制事业才能亨通，人如果有节俭的美德就不会奢淫，不会去伤财害民。《易·节·九五》："甘节，吉，往有尚。"能适度节制，从而让人感到美而适中，这是吉祥的。可见，节俭是中华民族的传统美德，是通向成功的康庄大道。《周易》所提倡的节俭是适当的节俭，并非苦行，其在于节制，在于在节俭的基础上有好的发展。

(三)《周易》的儒家政治思想

第一，《周易》阐发了和谐统一的思想。《易传》以阴阳哲学为核心的易道来观察解释社会政治领域的问题，形成了一种追求社会整体和谐的政治理想以及一系列服务于这一理想的应用原则。历来思想家和政治家均十分重视这套学说，用于拨乱反正，克服君主专制政体所造成的危机，变宏观与微观层面的无序为有序，化冲突为和谐，对中国两千多年的政治文化和社会发展产生了深远影响。

中国自秦以后一直奉行君主专制的中央集权制。这种制度是根据法家的一套理论建立起来的，法家将君臣、臣民之间的关系置于利害相反的不可调和的矛盾之中。事实证明，对君权的绝对强调并不能给封建统治带来长治久安，《易传》的理论正好可以拿来补正纠偏。《系辞下》云：

> 危者使平，易者使倾，其道甚大，百物不废。

意思是说，常怀忧惧者得以平安，轻率简慢者则会被倾覆，这个道理极为广大，所有事物因此而不衰败。《易传》把君臣、君民之间的关系看成刚柔相济、阴阳配合的统一体，强调君权的相对性而否定其绝对性，运用社会长期积淀的文化道德因素对君权进行某种程度的限制。这在中国的政治文化中形成了以《易传》和谐思想为主导的传统。虽然这种思想并未否定君权，也没有达到近代民主主义的水平，只能定义为朴素的民本主义，但在中国历史上是一股与专制主义思潮相抗衡的强大力量。

《易传》主张推天道以明人事，“一阴一阳之谓道”是适用于自然界和人类社会的一条总的原则。通过对支配着自然界的和谐规律的认识和把握，来谋求社会发展领域的和谐与自由，使人际关系能够像天地万物一样调适畅达，各得其所。

就天象言，天是最大的阳，象征着君主，起创始、施予、主动和领导的作用；地是最大的阴，象征着臣民，起完成、接受、被动和服从的作用。如果阳得不到阴的辅助，完全孤立，就会一事无成；如果阴得不到阳的领导，散漫无统帅，也难以形成群体。只有双方按照其本性互相追求，彼此的需要得到满足，社会政治生活才能产生功能性的协调，得以正常运转。

就其形式而言，《易传》的阳尊阴卑、阴阳相济说，其实可以理解为一种秩序及其运作。这种秩序在中国古代社会曾经呈现为君臣、父子、夫妻等封建等级观念，随着时代的发展必然以新的适应现代人生活习惯的秩序形式出现。社会秩序的良好运作需要其内在成员，不管处于何种地位，协调配合，相辅相成。

《易经》的《豫》（䷏）卦，震上坤下，震为动，坤为顺，刚上而柔下，是刚柔相应之象。对立的两个方面协调一致，刚的行动得到柔的顺从与拥戴，做任何事情都能如意。《易·豫·彖》解释曰：

> 天地以顺动，故日月不过，而四时不忒；圣人以顺动，则刑罚清而民服。豫之时义大矣哉！

意思是说，天地顺从规律而运动，所以日月的交替没有过失，四季的变化不会出差错。圣人顺从规律而使刑罚清明，百姓服从。《豫》卦顺时而动的意义真是太大了。

《易传》所追求的最高政治目标是“太和”。《易·乾·象》指出：

> 乾道变化，各正性命，保合太和，乃利贞。首出庶物，万国咸宁。

乾道即天道，由于乾道刚健中正的变化，万物各得其性命之正，刚柔协调一致，所以万物长成，天下太平。但这种太和境界只是一种有待争取的目标，而并非既成事实，因此需要根据现实处境进行清醒的理性分析，找出动乱的根源，即阴阳的失衡与不安其位，然后进行目的明确的纠偏矫正，以达成社会整体的和谐运转。《易传》还有国家统一的思想，《易·比·象》“先王以建万国，亲诸侯”，提出君主应亲和诸侯，保持诸侯国与宗主国和谐统一的政治局面。中华大地虽有短暂分裂，但仍保持长期国家统一、民族团结的局面，

《易传》的这个思想实际上起到了巨大的历史作用。

第二，《周易》倡导崇德广业。《易·系辞上》曰：

> 《易》其至矣乎！夫《易》，圣人所以崇德而广业也。知崇礼卑。

意思是说，《易》之道真是完美到了极点！《易》是圣人用来提高道德修养并推广事业的。智慧要崇高，而礼仪则贵在谦卑。《易传》解释《周易》古经的道理，可以使人们提高道德水平，扩大事业领域。

《易传》“崇德广业”的治国理念影响到后来的儒家推行德政、仁政，运用德政、仁政可以开拓事业，将德与业相提并论，而且以德为事业成功的前提。

“崇德”，就是尊崇道德。关于《易传》这方面的思想上面已详细介绍，这里只介绍德政的思想。以高尚的道德原则指导行政，叫作“德政”，儒家称为“仁政”。即用仁爱之心制定政策，推行利民政治措施，《易·文言》所说“君子体仁，足以长人”，就是这个意思。所谓仁爱之心，就是对人民慈爱，同人民声息相通，而不独断专行，欺凌人民。《易·系辞下》云：

> 天地之大德曰生，圣人之大宝曰位，何以守位曰仁。

这是说天地之大德在生长万物，圣人的大宝是固守王位，凭什么固守王位呢？靠仁德。《易·文言》所谓“宽以居之，仁以行之”，以宽容精神处世，以仁爱之心施政，这是儒家提出的“守位”办法。

关于“广业”的内容，《易传》也提出了一些基本原则。一是发展农业。《易传》表彰炎帝神农氏行“耒耨之利，以教天下”①，制造农具，发展农业生产。二是发展手工业。致力于“备物致用，立成器，为天下利”②。制造舟车、农具、弓矢，修造宫室，以丰富的手工业产品，便利人民的物质生活。三是发展商业。“日中为市，致天下之民，聚天下之货，交易而退，各得其所”③，使农产品同手工业产品相互交换，调剂余缺。四是发展交通。要兴水上交通，借“舟楫之利，以济不通”；发展陆上交通，“服牛乘马，引重致远”④，促进商业繁荣，便利人民交往。发展生产，增强国力，还要不断改善人民物质文化生活，做到“厚下安宅”⑤，提供丰厚的生活资料，使人民安居乐业。

崇德和广业，是《易传》所注重的巩固政权、安定社会、增强社会凝聚力的两个重要方面，极

① 《易·系辞下》。

② 《易·系辞上》。

③ 《易·系辞下》。

④ 《易·系辞下》。

⑤ 《易·剥·象》。

有借鉴意义。

第三，《周易》有民为邦本的思想。民本思想在我国思想史上源远流长。《尚书》云："民为邦本，本固邦宁。"《易传》的民本思想包括贵民、临民、信民、养民、保民、教民、容民、悦民等思想，详见《周易文化讲论·周易与人和之道》一书。

第四，《周易》注重礼法。中国古代思想史上，曾有注重礼治与注重法治两大派别。儒家讲以礼治国，法家讲以法治国。《易传》将儒家的礼和法家的法相结合，以儒家的以礼治国思想为主，吸收了法家的依法治国思想。

《周易》重视礼，主张"非礼弗履"，要求人们的行为受礼的约束。如《易·家人·彖》说：

> 家人，女正位乎内，男正位乎外。男女正，天地之大义也。家人有严君焉，父母之位也。父父、子子、兄兄、弟弟、夫夫、妇妇，而家道正。正家，而天下定矣。

这里宣扬了一家之中各尊其礼，家庭就会和睦，推而广大，宣扬一国之中各尊其礼，国家就会安定。

《易传》主张“明罚”，即赏罚要严明，法令要明确，执法要有度。法令不明确是引起争讼的原因之一。《易·豫·象》说：“圣人以顺动，则刑法清而民服。”这是讲法令要明确。《易·大有·象》说：“君子以遏恶扬善，顺天休命。”君子观此卦象，从而制止恶行，褒扬善行，顺从美善的天命。这是讲法令的功能。《易·解·象》说：“君子以赦过宥罪。”“过”是过失，由于疏忽大意造成的错误。“宥”是宽容、饶恕、减轻的意思，讲执法的尺度。

第五，《周易》有革旧创新的思想。《易传》有革命观念、创新思想。《易·革·象》说：

> 天地革而四时成，汤武革命，顺乎天而应乎人。革之时大矣哉。

意思是说，天地发生变革而使一年四季更替，商汤王和周武王发动推翻夏桀和商纣暴政的革命，既顺天时，又合乎民心。适合时宜进行变革的意义更是伟大啊。这里的革命指变革夏桀、商纣的“天命”，是顺应天意，诛讨逆天意而动的统治者，与现在的革命概念有所不同，相同之处在于“顺乎天而应乎人”。孙中山指出中国革命要“适乎世界潮流，合乎人群之需要”，意思与《易传》中的革命意义有相通之处。

总之，《易传》是中国古代政治学的宝贵典籍。书中的一些基本政治准则，既有历史意义，也有现实意义，是中国历代多数统治者和仁人志士认同的经邦济世思想。他们根据这一思想原则，使国家统一，社会安定，民族团结，人民安居。

综上所述，《周易》古经的刚健、经世特质影响了儒家，儒家的《易传》标志着儒家易的形成，《易传》的伦理、政治文化构成了中国传统文化的核心层面，使之在整体面貌上成为有别于西方的伦理—政治型文化。

二、《周易》和道家、道教

如上所述，易学贯穿中国历史六千年，是上古文化的总汇。最全面最成功地继承这一文化传统的无疑是孔子及其创立的儒家易，然而这一传统学术也可能通过其他途径得到继承和传播。与儒家学派同样古老的道家学派便是继承和发展这一传统学术的重要力量，其标志是道家[①]、道教[②]易的形成。道家、道教易的特点是贵柔尊阴，自然无为，崇尚黄老道说，以《易》为出世之用。

① 道家：我国古代哲学重要流派之一，创始人是春秋末期的老子。战国中期的庄子继承和发展了老子的思想，故又称老、庄学派。主要著作有《老子》《庄子》等。

② 道教：我国本土宗教。源于古代神仙信仰和方仙之术，承袭黄老道家思想。东汉张道陵始创五斗米道，后张角创太平道，与五斗米道同为早期道教的两大派别。奉老子为道祖、张道陵为天师，以《道德经》《太平经》为主要经典。

道家、道教易与上古易学有渊源关系。一是源自《连山》① 《归藏》② 的传统。据传上古易学有三种典籍，即《连山》《归藏》和《周易》，其经卦皆八，其别卦皆六十有四，唯《连山》以《艮》起，《归藏》以《坤》起，而《周易》以《乾》起。艮为连山之象，像山之出云，连绵不绝，乃遁世隐居的好地方。坤为归藏之义，万物莫不归藏其中；坤为阴性，若地之柔顺，滋生万物，正合道家清静无为、贵无守雌之义。道家之遁迹山林、清静无为的义理，也极有可能是继承《连山》和《归藏》而来。二是源自《周易》贵和的特质。《周易》的刚健、经世特质，影响了儒家，产生了儒家易。《周易》的贵和特质，影响了道家、道教，产生了道家、道教易。

（一）《周易》与道家

道家易解《易》系统的形成发展有一个过程。

---

① 《连山》：相传古代三《易》之一。为夏人之《易》，有六十四卦，以《艮》为首。

② 《归藏》：相传古代三《易》之一。为商人之《易》，以《坤》为首。

老子像

道家易的第一个阶段是老、庄易学。《老子》与《易》十分类似。《老子》吸取了《易》的许多思想材料，有直接的渊源关系，故早有“《老子》易”之称。老子发展为崇“无”尚柔，自然无为的思想，形成道家易派。庄子为老学正传，谈玄皆本于阴阳之义，证以《易经》象数。

汉黄老易是道家易学的第二个发展阶段。春秋战国及秦汉以后，儒家易学成为显学，而道家

庄子像

易学则成为秘学。道家易学主要通过方士①传承，尤重实用。

汉代以后，全社会都接受儒家教育，这为道家人物借鉴吸收儒家易学发展道教理论制造了条件。所谓汉黄老易是指汉初以黄老之学阐释易理而形成的一个易学派别。黄老学派在易学上的最大特点是以“阴阳之道”解《易》。在《黄老帛

① 方士：古代好讲神仙方术之人。在汉代著作中，方士同道士通用。

书》四篇古佚书中，有许多内容具体阐发“阴阳之大义”。黄老学派以《淮南子》[①]、严君平[②]、扬雄[③]为代表。《淮南子》的《人间训》《缪称训》把易学与黄老之学相结合，有不少解释卦爻辞及《易传》的实例。根据最新的研究，有人主张《淮南子》综合各说而归之于道，为黄老之学的代表性著作，援《易》以证其说，为《淮南子》立论。《吕氏春秋》[④] 属杂家，其中也有许多以黄老思想解《易》的例子。黄老易学发展至严君平、扬雄而具系统，两人可视为黄老易具有代表性的人物。严君平著有《老子指归》继承老子“道生

---

① 《淮南子》：书名，西汉淮南王刘安及其门客著。以道家思想为主，糅合了儒、法、阴阳五行等各家思想。

② 严君平：西汉道家学者。名遵。据说他本名为庄君平，东汉时班固著《汉书》，避汉明帝刘庄的讳，改写成严君平。蜀郡成都（今属四川）人。

③ 扬雄（前53—前18）：西汉文学家、哲学家、语言学家。字子云，蜀郡成都（今属四川）人。

④ 《吕氏春秋》：书名。战国末秦相吕不韦集合门客共同编写，全书二十六卷，内分十二纪、八览、六论，共一百六十篇。内容以儒道思想为主，兼及名、法、墨、农及阴阳家言。

万物”的思想，引《周易》的经传文意解释《老子》，表现出易学与黄老学说相结合的倾向，开启以老解《易》学派之先河。扬雄模仿《易经》著《太玄》，是《周易》与老氏相结合的产物。

东汉时期，以道解《易》，逐渐演变成道教解《易》的丹道之学。魏晋玄易之学是道家易的第三个阶段。玄易之学是指魏晋时期以老庄思想为骨架，糅合儒家经义以代替烦琐的西汉经学的一种哲学思想，具有高度抽象性的思辨形式。玄学家大都是所谓名士，他们以出身门第、容貌仪止和虚无玄远的清谈相标榜，成为一时的风气。其讨论的中心是“本末”“有无”“体用”等深奥问题。如何晏、王弼提倡“贵无”，而裴頠则作《崇有论》，彼此针锋相对。东晋以后，玄学与佛学趋于合流，佛学渐盛，玄学渐衰。魏晋玄易之学包括魏王弼易学、魏阮籍易学、晋韩康伯易学，代表人物有何晏、王弼、郭象、韩康伯等。

何晏（？—249），魏晋清谈的主要人物之一。字平叔，南阳宛县（今河南南阳）人。汉大将军何进之子。少时以才秀知名。娶魏公主。曹爽执政时，为散骑侍郎，官至侍中尚书。后为司马懿所杀。和夏侯玄、王弼等倡导玄学，竟事清谈，开一时风气。善谈《周易》《老子》，并集解《论语》。以玄学观点解释孔子思想，以道释儒，“援老入儒”，调和儒道。这种倾向对两汉易学转向以老庄、玄学释《易》影响极大。著有《周易》注解，已佚。另著有《论语集解》《无名论》《道德论》《无为论》等。

王弼（226—249），字辅嗣，魏山阳（今山东金乡）人。曾任尚书郎。十余岁即负盛名，通辩能言。少时便好儒、道，为《周易》《老子》注释。将老子的“有生于无”的宇宙生成论演为“以无为本”的本体论，推崇义理，重视无形，并从本末、体用、动静、一多等关系上来论证。以道释儒，“援老入儒”，调和儒道，指出儒、道都奉顺自然，推崇孔圣的高尚志节“不为世俗所移易也”。著有《周易注》《周易略例》《老子注》《老子指略》等。其注《周易》偏重哲理，一扫汉代注经烦琐之风，自唐至宋，王弼注本被定为官方注解《周易》的标准本。他是我国易学研究中的重要人物。

郭象（？—321），字子玄，河南洛阳人。官至黄门侍郎、太傅主簿。好老庄，善清谈，反对“有”生于“无”的观点，倡导“独化论”，认为天地间一切事物都是独自生成变化的，万物没有一个统一的根据。在名教与自然的关系上，认为名教与人的本性是和谐的，人有各种各样的能力。有哪样的能力的人就做哪一种事业，这样的安排既是出乎自然，也合乎人的本性。著有《庄子注》。

韩康伯，名伯，字康伯，颖川长社（今河南长葛东）人，生卒年不详。精老、庄、易学，继魏王弼注《周易》上下经及撰《周易略例》之后，又补注《系辞传》《说卦传》《序卦传》《杂卦传》三卷，合称《周易注》十卷。韩康伯《系辞注》将《周易》义理看成象数背后和超经验的抽象原则，并以此解释世界，导出“无”为天地万物本原的结论，提出了“众之所归者一”“言变化而称乎坤”“道者，无之称”的观点。

玄学派以《老》《庄》与《易》并重，号称“三玄”，他们以老、庄玄理与易理互释，从而使易学玄学化了。他们或守古学家法而损益之，或以老、庄说《易》，或试图以《易》调和儒道，体现了玄学易内容构成的丰富性及其内部学术构成的复杂性。

王弼派易学是道家易学的第四个阶段。南朝之宋，最重视礼学和易学，在易学上扬王抑郑。南朝之齐，兼取王弼、郑玄易注，而较重王学。南朝之梁，易学富于综合的精神，王弼的影响要大一些。南朝之陈，易学承梁代余绪。总观南朝易学，虽综合各家，而以王弼易义为归。

(二)《周易》与道教

道教解《易》系统的形成也有一个发展过程。道教解《易》系统的第一阶段是汉代丹道之学。

魏伯阳为东汉炼丹术士，生卒年不详。一说名翱，号伯阳，自号云牙子。会稽上虞（今属浙江）人。生平事迹，正史无载，晋葛洪的《神仙传》载有魏伯阳进山修炼，服丹成仙等事。所著《周易参同契》，为早期道教炼丹术重要著作，以《周易》爻象作为炼丹的依据，把“大易”“黄老”“炉火”三者参合，谓修丹与天地造化同流，故托易象而论之。认为万物的产生和变化，皆由阴（坤、雌）阳（乾、雄）的交媾，相须不离，使精气得以发抒的结果。欲求长生不死，必须顺从阴阳变化，掌握坤乾六十四卦运行规律，从事修炼，即所谓炼丹。

《周易参同契》假借《周易》的爻象以论炼丹之意，将《周易》的卦象与日月运行规律结合起来，提出“日月为易”说，用以描述金丹术和导引术的火候，以汉易中的卦气说来解释炼丹术，把《周易》奉为炼丹术的理论基础。虽为方技之书，却与《周易》紧密联系，标志着道教易的形成。《周易参同契》并非易学专著，只是借助《周易》以讲道家炼丹术，可看作汉易卦气说、阴阳五行之说与炼丹术相结合的产物。它发展了汉

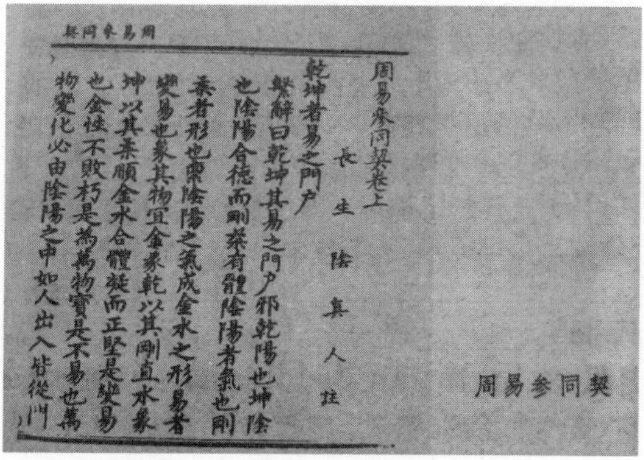

《周易参同契》

易的一些基本观点，将汉易卦气说发展为“月体纳甲”说，将京氏和《易经》四正卦说发挥成“坎离为易”说，创建了道教解易的系统，影响深远，后来被誉为“万古丹经王”，为丹道各派所宗仰。

魏晋道教易是道教易的第二个阶段。魏晋时期的天师道、李家道、帛家道、干君道、上清派、灵宝派在不同程度上都与易有关。这个时期著名的道教学者如葛洪、葛巢甫，对《易经》都能创造性地运用和发挥，著名道书如《抱朴子》《黄

葛洪

庭经》《灵宝经》。

南北朝道教易学是道教易学的第三个阶段。在道教史上，南北朝是一个重要的转折时期。这一时期，道教经历了一系列复杂的演变过程，从素朴的神仙方术的混合体发展为体系完备的宗教，从主要传播于民间的上升为被官方承认的正统宗教，与佛学、儒学鼎立而三。此时，道士们热衷于制作、增修道书，援易入道，附合老庄，吸收儒学，暗窃佛义，兼容丹鼎①和符箓②，努力建立足以与佛教抗衡，与儒学并驾齐驱的道教教义、教规和神学体系。

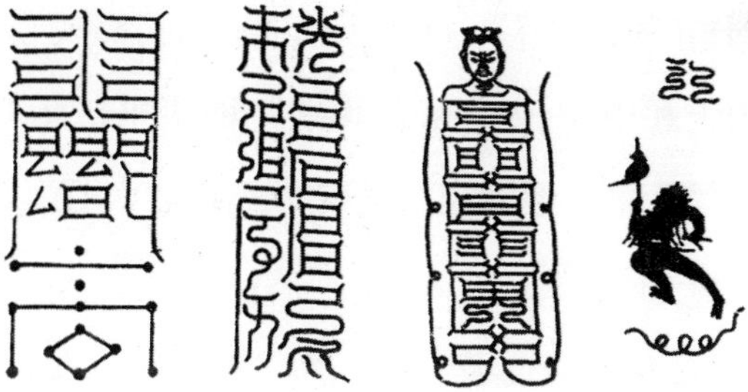

（一）　　　　（二）　　　　（三）　　　　（四）

（一）《抱朴子·登涉》之“入山符”　（二）《云笈七籤》卷八十之“玉符”

（三）《上清灵宝大法》卷四十三之“召溟涬大梵神王符”

（四）《道法会元》卷六十一之“张使者符”

符箓

① 丹鼎：这是指丹鼎派，是对金丹道教中以炼金丹求仙为主的各派通称。

② 符箓：是符和箓的合称。符，天神的文字。指书写于黄色纸、帛上的笔画屈曲、似字非字、似图非图的符号、图形。又名“云篆”“玉字”“丹书”。箓，指记录于诸符间的天神名讳秘文。道教认为，符箓是传达天神意旨的符号，可用之召神劾鬼，降妖镇魔，治病除灾。

据陈国符《道藏源流考》[①]，晋至隋期间的道书:《抱朴子·遐览》记道书二百八十二种，六百七十卷，符五百数十卷；陆修静《三洞经书目录》记道书一千零九十卷；阮孝绪《七录》记道书二百二十五种，一千一百三十八卷；《玄都观经目》(北周天和中）记“见有其本”的道书二千零四十卷;《隋书·经籍志》著录为三百七十七部，一千二百一十六卷。

在这众多的道书中，有不少援《易》立说者。东晋与南北朝道教创始神学的形成及发展与《易传》及汉易的基本理论有相当密切的关系。这里要特别说一说由南朝齐梁道教思想家、医药家陶弘景开创的上清茅山易学流派。该派由于在茅山[②]筑馆修道，又尊奉三茅真君为祖师，故名。

---

① 陈国符:《道藏源流考》，中华书局，1949 年初版，1963 年增订再版，1985 年再次印刷发行。

② 茅山：道教名山。原名句曲山。位于江苏省西南部，地跨句容、金坛、溧水、溧阳等市县境。相传西汉茅盈、茅固、茅衷兄弟在此修道成仙，号“三茅真君”，因名三茅山，简称茅山。

陶弘景像

陶弘景通读儒家经书而尤好《周易》，不仅擅长辟谷、服气、导引等养生术，还精通阴阳五行、遁甲之学。除道书外，他的著作涉及天文、占筮等等。据《茅山志》记载，有《卜筮要略》一卷、《周易林》一卷、《易林髓》三卷、《易髓》三卷等，可见其用功之深。在《周易》的演绎上，陶弘景承汉人宗风，与当时流行的魏晋玄风有所不同。

隋唐五代道教易学是道教易学的第四个阶段。

由陶弘景茅山创教，传下一系法脉，南朝时盛极一时，至隋唐时期成为道教第一大宗。当时许多著名道士、道教学者，如潘师正、司马承桢、杜光庭等，都是上清茅山派的法嗣。他们的共同特点是喜好“三玄”（《易》《老》《庄》），阐大易之理，饰老庄之言，以述本教理义，并兼通阴阳术数，成为此派宗风。上清茅山派的易学流变也因此成为萧梁至隋唐易学演进的一条重要线索。

五代易学的新动向与道教有关，其渊源可追溯至晚唐，钟离权、麻衣道者与陈抟为其代表人物，尤以陈抟影响为大。

陈抟（？—989）：五代宋初道士，哲学家。字图南，自号扶摇子，赐号希夷先生。道教徒称其为“老祖”。亳州真源（今河南鹿邑）人。后唐时举进士不第，隐居武当山，服气辟谷二十余年。后移居华山。著有《无极图》《先天图》《指玄篇》等。认为万物一体，只有超绝万物的“一大理法”存在。其学说后经周敦颐、邵雍推演，成为宋代理学的组成部分。

陈抟像

陈抟易学继承了汉易《周易参同契》的传统，并直接受到五代道士彭晓注《周易参同契》以图式的形式解释《周易》原理的影响，主要借用《周易》卦爻象和阴阳奇偶之数来说明炼丹的过程。陈抟易学的特征，以图式代替文字来解说《周易》。据宋元学者记载，陈抟易学提出先天太极图、龙图（河图、洛书）和无极图三类图式。

一是先天太极图，又称“天地自然之图”。所谓先天和天地自然，是道教炼丹家用以指炼丹时

先天太极图

生而具有的气质。此图渊源于《周易参同契》，兼论象数，既讲八卦之象，又讲阴阳变易的度数，特别是其提出的关于阴阳动静的观念，对后人有很大影响。陈抟曾传先天太极图于邵雍。

二是龙图，指河洛一类的图式，为河洛之学的前身。河图、洛书，是先秦时期传说的两种祥瑞。《尚书·顾命》：

大玉、夷玉、天球、河图在东序。

《管子·小匡》：

昔人之受命者，龙龟假，河出图，洛出书，地出乘黄，今三祥未见有者。

《易传·系辞》引为《周易》一书的神秘来源："河出图，洛出书，圣人则之。"其内容及来历则不详。

汉以后学者多有拟撰者，并谓河图乃伏羲取法于出河之龙图所负之宝而做成八卦，洛书为夏禹据出洛之神龟之纹而做成的洪范九畴。实皆无据。

宋代理学家取道士陈抟、邵雍等说，拟构河图、洛书图像，见于南宋朱震《汉上易卦图》、朱熹《周易本义》《易学启蒙》等。其图实行分别以九个和十个数字排成之方阵，朱震以九数为河图，十数为洛书，朱熹反之，而以朱熹之图影响较广。其中九数一图为幻方。

晚明黄宗羲、清初的胡渭力辨宋儒所谓河图、洛书乃杜撰，与《周易》无关。

1977 年安徽阜阳双古堆西汉汝阴侯墓出土一只“太乙九宫占盘”，盘上不仅刻有类似《灵枢经·九宫八风篇》的图形，且有河图、洛书刻在小圆盘上。1987 年河南濮阳西水坡出土的形意墓，距今 6500 多年。墓中用贝壳摆的青龙、白虎图像栩栩如生，与近代几无差别，河图四象、二十八宿俱全。其布置形意，上合天星，下合地理，且埋葬时已知必被发掘。同年出土的安徽含山龟腹玉片，则为洛书图像，距今约 5000 年。可知那时人们已精通天地物理、河图、洛书之数了。

据专家考证，形意墓中之星象图可上合 2.5 万年前。这说明邵雍等先哲认为“河图、洛书乃上古星图”，其言不差。由此可见，河图、洛书等易图入于占验术数，乃《周易》象数学的一种传统，宋人只不过在易图学上有发展而已。因此，河图、洛书是中华文化、阴阳五行术数之源。太

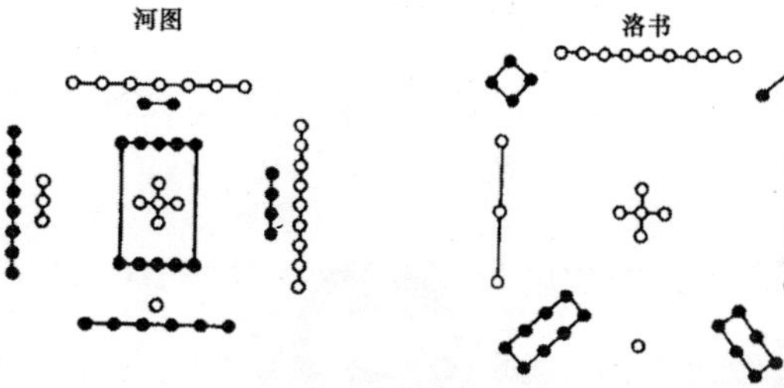

河图、洛书

极、八卦、《周易》、六甲、九星、风水等等皆可追源至此。

河图、洛书出于道教的解易系统，其五行生成图吸收了郑玄的五行说，九宫图则吸收了《易纬》的九宫说。陈抟在《龙图序》中提出了龙图三变说，即一变为天地未合之数，二变为天地已合之位，三变为龙子负图之形。经三次变化，成为龙图，其旨在于说明八卦之象起于龙图。龙图易以黑白圈表达天地之数（或奇偶之数），并讲天地之数的变化和组合，由此而形成的河洛之学属于数学。陈抟传龙图于刘牧。

三是无极图。为道门所传，其图式的形成多

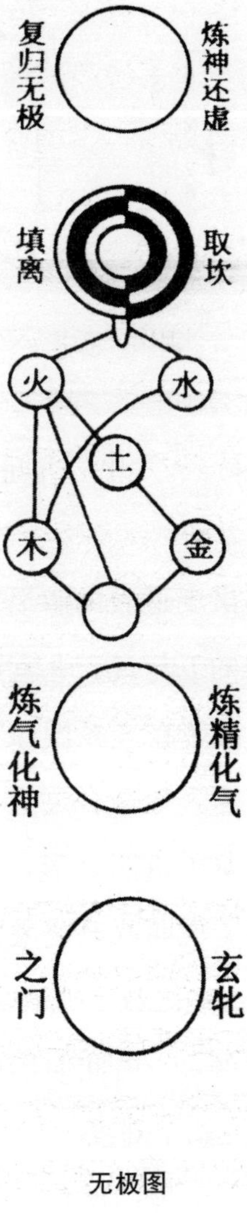

无极图

受《参同契》的影响，是对《参同契》所言炼丹术的发展。此图讲坎离卦象的五行之象，属于象数。陈抟曾刻此图于华山石壁，后传于穆修，修又以无极图授周敦颐。

三类图式的共同点都是讲述阴阳变易的法则。陈抟易学既有综合性，对先前的炼丹学和图书学都有所总结，又有开创性，古传的各种易图到了他那里，具有确定的形式和系统，并进行哲学阐述。陈抟易学思想通过授徒，特别是经过北宋邵雍、刘牧、周敦颐等人的演化和发展，流传数代，对于宋代乃至整个宋明时期的易学和理学都产生了深远的影响。北宋以后，儒道两家的易学家都认同于陈抟，这显然与陈抟易学富于综合性的特点有关。

两宋道教易学是道教易学的第五个阶段。两宋的道教在哲学和教义上仍有重大发展，特别是在内丹学方面。宋代大家辈出，其中张伯端之易、道、禅融合的思想，对宋以后的内丹学发展的影响极大。不少学者，兼通易学与丹学。犹如新儒家易学一般，在宋代道教易学流派内部可以区分出诸多不同的学派和宗派。

元代道教是道教易的第六个阶段。元代道教呈多元演进的趋势。兴盛于金元时代的全真道①和太一道②是宋元道教鼎革思潮中涌现出来的两大新道派。全真道自创始人王重阳开始，以易阐教，亦以易阐道德性命之学，称为全真。全真道南传后，南宗后裔李道纯、陈致虚等合流于全真门下，更使全真教具有浓厚的易学色彩。太一道的创始人萧抱珍，篆阐三元，依据“太一”“太极”的图式和概念创教。其间易学的影响亦明晰可辨。

元代道教易学最重大的进展是在内丹方面。王重阳参导性命所修炼之大法，就是所谓阴阳颠倒、坎离易位的内丹术。李道纯著《全真集玄秘

---

① 全真道：道教教派。亦称全真教或全真派。金初创立。因创始人王重阳在山东宁海（今山东烟台牟平区）自题所居庵为全真堂，凡入道者皆称全真道士而得名。

② 太一道：金初萧抱珍创立于卫州（今河南汲县）。因传“太一三元法箓之术”而得名。

要》《中和集》及陈致虚撰《金丹大要》，以易学阐道学，使易理成为各种丹学思想的理论基础。

宋元之际还出现了许多由儒而道的学者，他们深入地钻研《周易》，其易说体现了亦儒亦道的特点，俞琰和雷思齐为其代表。俞琰（1258—1314），宋末元初的道教学者。字玉吾，自号全阳子、林屋山人、石涧道人。吴郡（今江苏苏州）人。宋亡，隐居著书，精于《周易》和丹道，和理学关系密切。著有《周易集说》《周易纂要》《周易参同契发挥》及《释疑》《易外别传》《阴符经注》《沁园春词注解》等。作为道教徒，对作为“派别”的“隐士之易”从学理上进行探索和研究。雷思齐（1230—1301），宋元之际道教学者。字齐贤，学者称空山先生，抚州临川（今江西临川）人。宋亡后，弃儒服为道士，居福建闽侯之乌石观。著有《易图通变》五卷、《易筮通变》三卷。

《周易》对道教的影响主要体现以下方面：

首先，《周易》的阴阳学说、宇宙演化论影响了道教。先看《周易》的阴阳学说对道教的影响。阴阳学说本是春秋末年以后普遍流行的学说。《易传》采用阴阳学说去解释《周易》古经，认为《易》是讲天地之道的书。道的基本内容是“一阴一阳”，所以《易传》说“一阴一阳之谓道”。在儒家经书之中，《诗》《书》《礼》《春秋》各自偏重社会生活的某一领域，而《周易》则讲的是天地人的普遍法则。在儒家被独尊以后，《周易》的地位就更加被尊崇。凡是讲普遍法则的，几乎都要归结为《周易》，或者借助《周易》的命题和概念。

阴阳法则曾是普遍流行的观念，但被《易传》

明版《太平经》

采用之后，讲阴阳法则就逐渐归到了《周易》。比如《庄子·天下篇》说“易以道阴阳”，认为《周易》是专门阐述阴阳学说的。虽然司马迁把《周易》归结为讲变化的书说“易以道化”和《庄子》有所不同，但没有否定“易以道阴阳”的判断。从这个意义上讲，出现于东汉末年的道教把阴阳学说作为它的基本理论之一，当是与《周易》的影响有关。道教最早的经籍《太平经》说：

> 天失阴阳则乱其道，地失阴阳则乱其材，人失阴阳则绝其后，君臣失阴阳则其道不理。

就把阴阳学说作为自己立论的基础之一。这里所说的“天失阴阳则乱其道”，显然认为天道就是《易传》中的一阴一阳之道。然而天地、男女、昼夜、寒暑、君臣、父子的存在是一个事实，人们要认识世界，早晚会把这些现象归结为普遍性的对立法则。其他民族的古代哲学，有的就把这一切归结为光明与黑暗的对立，和中国哲学有相似之处，但他们并没有借助《周易》。

在中国，讲道教讲阴阳与《周易》有关是对的，但不能说道教讲阴阳就是来自《周易》。道教采纳阴阳学说后，根据自己的宗教需要又有所发展。比如从唐代开始，道企图消解阴阳对立，要炼尽纯阴，使自己成为纯阳之体，“纯阳”“重阳”“元阳”等道号，就反映了道教的基本思想。

再看《周易》宇宙本体论对道教的影响。天地万物本原也是道教所关心的问题。《老子》一面讲返璞归真，一面讲道生万物。万物的生长，是有生有死，但追求长生，返老还童，不仅是不死，而且是要“返”要“还”，是个逆着自然过程的运动。魏晋以后，道教对自己行为的性质越来越明确，他们用“颠倒”“逆”“返本还元”来说明自己求长生运动的本质。

但是，要颠倒，要逆，首先要知道顺的过程，就像要弄清回去的路，首先必须弄清来路一样；要返本还原，也须先知本元在何处。道教出于自己的宗教目的，也积极关心万物本原、宇宙演化理论。依《老子》说，道生一，一生二，二生三，三生万物。但道是什么？一、二、三又是什么？天地在何处？人体由何构成？为什么有生有死？怎样使它不死？许多问题单靠《老子》一书无法解决。

从汉代开始，宇宙演化论逐步完善，这个理论的要点是：从无中产生了元气，元气剖判，形成天地阴阳，天地阴阳产生了万物。这样，人本从元气生身。所谓颠倒、逆，就是把自身变成元气。元气就是璞，就是真，返还的目标也找到了。道教接受了这种宇宙演化论，并把它纳入自己的体系。《易·系辞上》说：

> 易有太极，是生两仪。两仪生四象，四象生八卦。

汉代学者把太极理解为元气，两仪理解为天地阴阳。道教接受了汉代学者的思想，在讲天地生成论时，往往援引《易传》的“太极生两仪”，把《周易》的命题当作宇宙演化论的根源。和道教吸收其他理论一样，它总是要根据自己的需要加以修改，并和自己原有的理论相结合。道教就把元气剖判、太极两仪和《老子》的道生一、生二、生三相结合，认为道就是元气。

其次，《周易》对道教神学体系方面有深刻影响。作为宗教，不仅以虚幻的形式说明宇宙的起源，而且设置了彼岸世界。道教的彼岸世界就是神仙世界。在神化“道”的同时，道教造出了一个庞大的神仙系统：玉清元始天尊、上清灵宝天尊、太清道德天尊、昊天金阙至尊玉皇大帝、中天紫微北极大帝、勾陈上宫天皇大帝、扶桑大帝、三皇五帝、九皇、八卦神等。从这当中的许多神仙名称，也可看出道教同《周易》的密切关系。例如，“元始天尊”是道教的最高神，这一观念最初由成书于东晋末年的《灵宝经》加以系统的阐述，显然是对《易·文言》所谓的“元”“乾元”“资始”“坤元资生”及《易·系辞上》所谓“天尊地卑”等概念和命题而作的神学发挥，而“三洞三清尊神”的观念也隐含了汉易太极①元气论和三才合一的基本思想。如晋宋之际的道书《无上秘要》引《三皇经》云：

> 三皇者，则三洞之尊神，大有之祖气也。天宝君者，是大洞太元玉虚之首元；灵宝君者，是洞玄大素混成之始元；神宝君者，是洞神皓灵之妙元。故三元凝变，号曰三洞，气洞高虚，在于大罗之分。故大洞处于玉清之上，洞玄则在上清之城，洞神总号则在于太极。大洞之气，则天皇是矣；洞玄之气，则地皇是矣；洞神之气，则人皇是也。天皇主气，地皇主神，人皇主生。三合成总，万物化焉。

尽管在概念的运用上，道书与易说不尽相同，如

① 太极：指天地混沌、阴阳未分之际，万物创始之时。

“太极”被作为具体的神道来理解，而三元（天、地、人三元）的概念与乾坤两元论亦有明显差异，但基本思想架构仍可发现两者有许多相类或相通之处。

再如南朝宋道士陆修静（406—477）创立的“三洞”“四辅十二类”的道经分类体系①，与《周易》有很深的关系。陆修静创立的这个道经分类体系对于而后道教学术思想的发展意义极大。这一分类体系的建立并被接受，一方面显然是对易学方法自觉的运用，另一方面也可以说是对已经隐含于众道书中的易学象数模式的发现而加以新的综合的结果。如“三洞”之一的《洞神经》为“人皇”一系经书，《洞神经》最初三卷为《大有箓图天皇内文》《大有箓图地皇内文》《大有箓图人皇内文》。其文献架构具体而细微地体现了易学的“三才合一”思想。

最后，《周易》对道教修炼方式和宗教仪式方

---

① 道经的分类体系：自南北朝以来，将全部道书划分为“三洞四辅”七大部类。

炼丹图

面也有不小影响。这主要表现在《周易》对炼丹原理和方法、符箓、占验的影响。先看《周易》对炼丹原理的方法的影响。道教借易象以阐丹道，形成以炼丹术为中心的庞大的道教易学体系。

炼丹是中国道教的修炼方术，包括内丹和外丹。道家认为食方药能够长生成仙。外丹源于古代炼丹术，炼丹指通过采集自然界的各种物质，包括水银、铅、汞等矿石药物和各种动植物，通过一定的配方和程序，在炉鼎中经过多次烧炼而制成的丹药，服之有助于人的修炼，可长生成仙，与内丹相对而言；内丹为行气、导引、呼吸吐纳之类的总称，将人体看作炉鼎，通过气功导引和养生方法，修炼体内的精、气、神，使之凝结成丹，形成元气，从而对人体有延年作用。道教认为内丹是人能够成仙的必备条件，外丹有帮助内丹形成的作用，内丹源于外丹。

汉代学者借用《周易》符号系统阐述阴阳二气的消长运动，形成了易学的新内容——卦气说。卦气说表现的是寒暑交替、昼夜代换，因而是处于北温带的中国感受最深的自然法则。人们往往把这个法则的理论作为宇宙间最根本的法则，因而在许多领域都以某种方式尊奉这个原则。

在道教中，特别是在“术”的部分，往往把阴阳消长作为自己的基本原则。这首先开始于汉末魏伯阳的《周易参同契》。《周易参同契》讲炼丹，炼丹有两个最重要的因素：一是选择药物、决定配方，二是掌握火候。依《周易参同契》说，火候大小，必须遵循阴阳二气消长法则，所以他采用了当时流行的卦气说，并认为卦气说就是《周易》的内容，因而把自己的书名定为《周易参同契》，表明《周易》的学说是自己的理论基础之一。

魏晋南北朝时期，炼丹家们坚信服丹可以成仙，并认为只要改进配方，造好药物，就能炼出金丹，如道教大师葛洪于《抱朴子》中大讲炼丹术。这一时期，他们不关心炼丹的一般理论问题，《周易参同契》也得不到重视。在长达数百年的时间里，炼丹家们很少有人提到《周易参同契》。尔后，炼丹术不断失败，炼出的丹药总也不能使人长生。失败不仅促使人们进一步选好药物和改进配方，而且促使人们对炼丹的一般理论进行反思。

到唐代，《周易参同契》受到了重视。现存《道藏》① 中至少有两个注本被认为是唐代人的注本。唐末五代时期彭晓注《周易参同契》，开始用内丹的观点解释其中的词句。从此以后，道教学者就把《周易参同契》作为内丹的理论著作，并

---

① 《道藏》：书名。道教经典总汇。道教经书的汇集始于六朝，唐宋后开始汇辑成“藏”并刊印。明代先后汇辑、刊印《正统道藏》和《万历续道藏》。

认为《周易参同契》乃是万古丹经之王。依内丹说，《周易参同契》所说的乾坤鼎器就是人体，说的坎离周流就是心肾之气在体内运行。这样，《周易》的卦象符号系统就成为人体各部的标志。内丹说的要点，是把铅汞、水火、龙虎等等都说成是比喻。被比喻的对象，就是五脏之气，只是各家各派说法略有不同。越到后来，水火坎离的作用日益突出，以致内丹术日益被称作“抽坎填离”之术。

依八经卦，离中虚，卦象为☲；坎则与之相反，卦象为☵。所谓抽坎填离，就是把坎中的阳抽出来，填进离卦卦象之中，使坎变为坤☷，而离变成乾☰，也就是唐代就有的所谓炼尽纯阴成纯阳之体，得道成仙。内丹重视“水火”，自然注意火候。于是卦气说就成了内丹经常讨论的话题。他们不仅用卦象符号系统来描述身体各部器官的作用，而且用卦象符号系统来描述内丹修炼的过程。这样，通过《周易参同契》，内丹家们似乎把《周易》作了内丹的理论基础。有人甚至产生一种错觉，认为《周易》本来就是一部内丹书，是为自我修炼而创作的。这种情况表明，《周易》符号系统和内丹术的结合，已经到了不可分离的程度。

宋代周敦颐用太极图形象地表现了汉代以来的宇宙生成论，为儒家成圣人的理论找到哲学的根据。后来有些道士又利用周氏太极图讲炼丹，也就是用《周易》最根本的法则讲炼丹。他们将儒家《周易》所讲述的原理法则和方法用于道教的炼丹原理和方法。如南宋道士萧应叟著《元始无量度人上品妙经内义》（后被列为《正统道藏》开篇经书），将周氏太极图改造成道教的“太极妙化神灵混洞赤文图”。宋末道士萧廷芝，则将周氏太极图改造为“无极图”。元代陈致虚著《金丹大要》，又将周氏太极图改造成为“太极逆顺图”。元代东蜀道士卫琪又将周氏太极图改为“无极图”。凡此种种，易学发展中的研究成果，为道教炼丹术的发展提供了理论根据。

再看《周易》对道教符箓、占验的影响。道教徒也把易学用于符箓和占验之中，使易学重新蒙上了一层宗教色彩。在易学的象数模式和义理的沿用过程中，许多范畴和概念被人格化了。如南北朝时期“太极”概念被用来给那些得道的真人或神所命名，因而有所谓“太极宫”“太极真人”之类的说法。以“太极真帝君真符”“太极帝君宝章”等符箓为升仙之法，则赋予“太极”符号以神力，由此反映了该时期道教符箓受到了易学思想的影响。

符箓派道士主要把易学用于请神捉鬼、驱魔降妖、拜忏朝斗、禳灾却祸等各类法术之中，从而使易学与巫术结合了起来。《正统道藏》中所载《灵宝无量度人上品大法》记录了灵宝派道士把易学运用于符箓的情况。如《安镇五岳图》用符箓安镇五岳鬼神，按后天八卦八位镇妖斩邪，以求永安。《灵宝五岳三涂宝照咒》和《灵宝都元入室明鉴咒》等则把易学知识用于掐诀念咒及书符之中。术士们把天干①、地支②、八卦、九宫套于手掌指节上，根据五行八卦原理掐诀念咒吹炁③，以达召神伏魔之目的。

把易学运用于占验，本非道家的专利，但相比之下，道家比儒家更喜欢此道，而历史上精于此道的高手也往往以道家的面目出现，这使人们习惯于把术数归入道家之学。《四库全书总目提要》云：

> 术数之兴，多在秦汉之后，其要旨不出

① 天干：亦称“十干”。甲、乙、丙、丁、戊、己、庚、辛、壬、癸的总称。

② 地支：亦称“十二支”。子、丑、寅、卯、辰、巳、午、未、申、酉、戌、亥的总称。

③ 炁，“气”的古字。道教指人的元气。

乎阴阳五行①、生克制化。实皆《易》之支派，传以杂说耳。

实际上，阴阳五行之学在儒道之间是相通的，但由阴阳五行发展出来的数术则往往被儒家视为末流，而为宗教界人士所珍视。汉代兴起的谶纬②本是儒家经学的产物，后来历经统治者禁绝，逐渐成为遁世之士的秘学，著名的谶书如《万年歌》《推背图》《梅花诗》等多挂名于道教门下，而《禅师诗》则显然是佛教高僧的杰作。数术中有一些很复杂的系统，如奇门遁甲、太乙神数、铁板

① 阴阳五行：阴阳说和五行说相结合而形成的，在后代方术基础上产生的一种哲学思想。阴阳是我国古代思想创立的哲学范畴，指宇宙万物相互对立、依存的两方面，如天地、日月、昼夜、黑白、夫妇等。五行指水、火、木、金、土五种物质。我国古代思想家把这种物质作为构成万物的元素，以说明世界万物的起源和多样性的统一。春秋时产生五行相生相克思想。

② 谶纬：汉代流行的神学迷信。“谶”是巫师、方士制作的一种隐语或预言，作为吉凶的符验或征兆（有图有字的叫“图谶”）。“纬”对“经”而言，是方士化的儒生利用星相的变化来附会儒家经典的各种著作。

神数、大小六壬等，常常为道教界人所掌握，而一般的儒生难得问津。最常用的数术莫过于八字和相术。

八字术，亦称四柱推命术。此术将人出生年、月、日、时的干支称为四柱，故名四柱推命术。唐德宗时，李虚中依人出生的干支推人命运，名动一时，至宋初徐子平又加以完善，被后人称为子平术。子平术以日柱天干为本，根据其和年柱、月柱、时柱干支五行生克制化关系及节气旺相状态，断人一生命运。八字受到儒道两家的重视，一些游方道士常常以八字术“济世”，也有一些落魄的儒生用八字术混饭吃。

相术，也称相学。相术的方法是由表及里，由局部到全体，由微知著。相术的目的是分析现状，发现问题，预测未来，趋吉避凶，顺应自然。相术分为面相、手相、足相、骨相、体相五大类。由于相术简便易行，故而广为流传。最著名的相术莫过于“麻衣相法”，据说是一位穿麻衣的道士所创，多为道士掌握。无论面相还是手相，都把天干、地支、八卦、九宫的图谱随处套用，作为显微阐幽的中介系统，表明它是对易学的一种运用。

但是，不管是儒生还是道士，只要它以八字术或相术为人预测吉凶，都会被称为“半仙”，显然人们更倾向于将这些东西看成道教中的学问。

综上所述，历代道家皆崇《易》《老》，在《易》的基础上，形成“道”的本原、贵柔、清静、无为等学说思想，形成了道家易。《周易》对道教的哲学思想、神学体系、方术仪式方面产生了重大影响，形成了道教易。道家、道教易的破解将给现代自然科学、人体科学带来观念上的突破。

三、《周易》与佛教

《周易》是中国传统文化的源头，在以儒家文化为主体的多元文化中占有极重要的地位。任何外来文化若想在华夏大地上传播并扎下根来，都必须从《周易》中寻找与自己相符相契的结合点，以便与中国本土文化相协调。佛教传入中国后正是经历了这样一个中国化的过程，最终形成了佛教易。佛教易的形成和发展经历了以下四个阶段：

魏晋佛教玄学易学是佛教易学的第一个阶段。佛教自东汉明帝时公开传入不久，即开始从《周易》寻找相符相契的结合点。从现存的佛教文献看，最早的尝试始于三国时从康居国来的僧人康僧会①。那时，他在吴国传教，吴主孙皓不信佛法，质问他："佛教所明，善恶报应，何者是也？"康僧会回答说：

> 《易》称，积善有庆。虽儒家之格言，即佛家之明训。故行恶则有地狱长苦，修善则

① 康僧会（？—289），祖籍康居（今巴尔喀什湖和咸海之间），世居天竺（今印度）。随父经商，移居交趾（今越南）。十余岁时，父母双亡，遂出家为僧。通天文、谶纬之学，尤娴经律。赤乌十年（247）到建业（今南京），孙权为建塔，号建初寺，江南有佛寺始此。

有天宫永乐。①

此后，东晋僧人慧远（324—416）等也融合佛易，为佛教在中国的生根、发展寻找理论根据。魏晋时期，佛教力图与玄学风尚相适应，佛学与玄学相结合，而形成般若学所谓“六家七宗”。

魏晋佛学与易学的关系突出地体现于两个方面：

慧远像

① （梁）释慧皎撰，汤用彤校注：《高僧传·康僧会传》，中华书局，1992年，第17页。

一是易学象数名目为译介佛典所取用，二是以佛理解《易》，复以易理说佛。当时不少著名的佛教学者和思想家如支谦、安世高、支谶、支遁、道安、慧远等，创立佛教玄学，佛玄双运。于是“三玄”（《易》《老》《庄》）之举与佛教义理相辅而行。魏晋佛教对《易》所做的阐释和利用，基本上是在哲学的层面上展开的。如果说魏晋时期道教易学较接近汉易的立场，那么佛教易学则与玄学的精神相吻合。

南北朝佛教易学是佛教易学的第二个阶段。南北朝时期，随着玄学势力的下降，佛教文人转而投向儒学，与儒家相结合。《高僧传》载当时的佛教僧侣多熟习包括《易经》在内的儒经，他们用治儒经的方法转而治佛经。至南北朝，佛教经学蔚为大观。佛教经学兴盛的结果，势必影响易学，当时的学者或援佛以说《易》，或者以《易》而阐佛。佛学名相本难了解，若要中国人接受，不得不比附本土已有的理念、思想。于是佛教徒和佛学学者便援引玄学家的理论来解佛教理论，

梁武帝像

进而以《周易》来比附佛教之义，由此产生佛教与易学糅合的倾向。南朝梁武帝萧衍为这一易学倾向的代表。如萧衍在《立神明成佛义记》一文中，即以成佛的意识（元明神明）为体，以思虑为用，据此体用观解释《系辞》“易有太极，是生两仪”的道理。南朝宋、齐、梁间易学家伏曼容著《周易伏氏解》一卷，其中解释《蛊》卦时说“万事从惑而起”，此语即由佛教“无明缘起”说蜕变而来。又如周弘正吸收佛教经论的分类法，取汉代安世高“十二门”之分类，分《序卦》为“六门”。此外，佛教僧侣也积极参与其中，为佛易融贯推波助澜。如竺法汰的弟子昙一、昙二，不但博综经义，而且善解《易经》《老子》；慧通也曾作《爻象记》，会通佛教义理等。

义疏体是南北朝时期易著的新形式，这种新体例本身就是受佛教影响的结果。南北朝佛教分为南北二系。南方佛学与玄学关系较密切，北方佛学在吸收魏晋玄学的同时，更注重汉代传统的治学方式。南方佛教学者论《易》往往涉及魏晋以来玄学家提出的问题，北方则仍是多承袭汉朝阴阳、谶纬之学。

隋唐以佛解《易》之学为佛教易学的第三阶段。盛唐读书人大都归于佛，儒佛互补，对易学的影响是不可忽视的。易学不唯科举文人或哲学家们研究，佛门中亦热衷于此。唐代佛教兴盛，佛学继续以易学理论来解释其教义，佛教与易学糅合的倾向较之南北朝时期更为明显。华严宗①、禅宗②最具代表性。华严宗师宗密著《原人论》以汉易的理论解释佛教理论，从华严宗的立场援引易学图式阐释“事理无碍”的华严哲学思想。曹洞宗为禅宗“五家七宗”之一。禅宗六祖慧能的再传弟子，青原行思的传法弟子希迁开始就受过道教魏伯阳《周易参同契》的影响，具体表现在希迁的佛学偈颂《周易参同契》一文中。接着，由魏伯阳《周易参同契》为中介，希迁和另外一位洞宗祖师云岩昙晟又将《周易》引进禅门，会通易、道、禅，开禅宗易学一门，以后竟贯穿于

---

① 华严宗：中国佛教宗派。因以《华严经》为根本典籍，故名。又因实际创始人法藏号贤首，也称贤首宗；该宗以发挥“法界缘起”的思想为宗旨，又称法界宗。此宗认为天下事事无碍，一切互不相碍、互相融入，以高度平等的眼光体察万事万物。在佛教内部调和各派思想，对外主张融合佛儒道三家。

② 禅宗：我国佛教宗派之一，以专修“禅定”得名。相传公元5世纪印度高僧达摩由天竺传入我国。传至第五代时分为南北两宗。北宗神秀主张渐修，很快衰落；南宗慧能（638—713）主张顿悟，被后世尊为六世祖。

一行禅师像

晚唐五代曹洞宗形成的全过程。

唐代著名高僧一行禅师也是易学大师，是以佛解《易》学派的代表人物之一。其易学著作有《易传》十二卷，已佚，今唯存《大衍易义本义》一卷。其《易传》内容大抵多讲汉易卦气诸说，将《周易》与自然科学，尤其是天文、历法相结合。

五代两宋佛教易学是佛教易学的第四阶段。五代两宋是整个中国佛学由盛而衰的时期，唯有禅宗一门及禅学仍相当发达，且有重大发展。五代禅宗五家分立，各家宗师多有通《易》者。如曹洞宗[①]的本寂、德洪，云门宗[②]的文偃，法眼宗[③]的文益等，都热衷于探讨易理，并运用易学的隐喻方法阐显禅机。由此在佛教中开出禅门易学一系。

总之，佛教的中国化在很大程度上是通过以《易》释佛或以佛阐《易》使佛易融合来实现的。

---

① 曹洞宗：中国佛教禅宗五家之一，由唐良价（807—869）及其弟子本寂（840—901）所创。他们先后在筠州洞山（今江西宜丰）、抚州曹山（今江西宜黄）宣扬禅宗，自成一家，故名。

② 云门宗：中国佛教禅宗五家之一，由五代时文偃（684—949）始创于韶州（今广东韶关）云门山，故名。

③ 法眼宗：中国禅宗五家之一，由五代时文益（885—958）所创。因他死后，南唐中主李璟谥其为“法眼大禅师”，故名。

佛教始终把《周易》看作走向中华文化生活的重要桥梁之一，积极主动地向它靠拢。作为佛教主要代表的一批中国高僧，他们认真研究《周易》，汲取其中的象征义、引申义与佛教沟通，他们采取连类比附和象征性的思维方式，将两种思想内涵并不相同的理论学说在佛易合流的旗号下统一起来。佛易合流产生佛教易学有两方面的结果：一是丰富了佛教和易学的思想内容，二是使外来的佛教中国化了。

四、《周易》与儒、道、佛的关系

以上分别考察了《周易》和儒家、道家、道教、佛教的关系，现在从总体上看四者之间的关系。

第一，《周易》作为大道之源影响了儒、道、佛，产生了儒家易、道家易、道教易、佛教易，表现为以《易》解儒，以《易》解道，以《易》解佛。

第二，儒、道在轴心文化期影响了易文化，产生了《易传》，使《周易》由一部卜筮之书变为哲学著作。由于《易传》的主旨是儒家的伦理文化、政治文化，从而规定了中国传统文化的整体面貌和根本走向，使之成为伦理—政治型文化。

第三，历代儒、道、佛既冲突又融合的结果产生了新形态的儒学、易学。汉代的儒家是阴阳五行化了的儒学，已不同于先秦时期的儒学。实际上从汉代开始，道家易学和儒家易学就开始相互影响和吸收，致使后来不同派别的易学已没有明确的界限。如汉代京氏易是正统的儒家易学，但是据说其最具创造性的象数部分来源于道家的秘传。北宋至清初，新儒家易学兴起，居于新儒家的核心层面。新儒家易学有多重渊源，大体有三点：一是复归原始儒家，以“元哲学”的观点穷究易学义旨，将其纳入易学的范畴，使之成为儒家立场的内在组成部分。二是批判地吸收晚唐五代以来道教易学的研究成果，这就是对图书学的吸收和改造。三是来自佛教的影响及对佛学的吸收，使之与易学相结合，成为易学主体的内在构成部分。宋代兴起的新儒家易学富于儒、道、佛三者合一的思想内涵。尽管他们回过头来对道、佛二家进行哲学清算，但对已经渗透到其内在的思维核心中的思辨，实际上是无法作理论拒斥的。

第三章 《周易》——无处不在

《四库全书总目提要·经部·易类》指出：

> 易道广大，无所不包。旁及天文、地理、乐律、兵法、韵学、算术，以逮方外之炉火，皆可援《易》以为说，故《易》说愈繁。

为什么会是这样呢？因为易学是在阐述易卦、易数、易象、易理、易义、易变与易占过程中形成的一门解释宇宙自然、社会人生的学说。它在发展过程中，形成了独特的基本名词、术语、命题和范畴（包括基本概念、观念、思想、理论、方法、图式等），这些是人们认识《周易》的基础。当《周易》自汉代被奉为儒家经典之首以后，群儒习《易》、百家注《易》之风盛行，两千余年延续不断，流派纷呈。各派学者从不同角度依据《周易》经传文本及其中的丰富内涵，阐发自己的学说，建立各自的学派体系。因此易学在长期的发展过程中，以其广泛的思想兼容性，对中华文化产生了深刻的影响，在许多领域留下了《周易》文化的烙印。同时，《周易》多层次、多侧面地被人们所运用、演绎，形成了一系列具有浓厚中国文化特色的历史遗产。下面对《四库全书总目》学术谱系视野下的中国传统学术领域“援《易》以为说”的情况做简略介绍。

一、《周易》的“近亲”领域

（一）《周易》与中医

《周易》与中医早在春秋时就有关联。《左传》中有以《周易》中的《蛊》卦（䷑）解释蛊病的记载：

> 在《周易》，女惑男，风落山，谓之蛊。

对此，《程氏易传》解释说：

> 风（☴）遇山（☶）而回，物皆挠乱，是为有事之象，故云蛊者事也。既蛊而治之，亦事也。以卦之象言之，所以成蛊也；以卦之才言之，所以治蛊也。

战国期间出现的医书《黄帝内经》①，从基础理论、五运六气到藏象学说，均受《周易》模式的影响，由此奠定了医易会通的基础。以后汉代著名医学家张仲景（约150—219）、晋代医学家王叔和（180—270）都曾注《易》和吸收《周易》的阴阳理论来诠释医理和指导医学实践。

在唐代，著名医学家孙思邈在《备急千金要方·大医习业》中进一步指出：

> 不知《易》，不足以言太医。凡欲为太医，必须谙《素问》……《周易》、六壬。

他将《周易》天人关系的理论具体运用于医理、药理和养生、养性中。其医易同源的观点对后世医学家颇有影响。

---

① 《黄帝内经》，托名轩辕黄帝作。分《灵枢》《素问》两部分。一般认为成书于春秋战国时期。在理论上建立了中医学的"阴阳五行学说""脉象学说""藏（脏）象学说"等。

明代医学家张景岳承孙思邈之说，在《医易义》中提出了医易同源和医易相通的思想。他说：

> 医不可以无《易》，《易》不可以无医。
>
> 虽阴阳已备于《内经》，而变化莫大乎《周易》。

张景岳撰有《类经图翼》《类经附翼》，对医家易学做了颇为完整的整理，并以此指导自己的医学实践，提出“扶阳抑阴”的著名观点。清代的医学家陈念祖、吴瑭、唐宗海等均对医易结合有所贡献，其中唐宗海撰有《医易通说》《医易详解》等专著，会通医易，并参以西方学说，使医易得以进一步系统化。进入现代，随着中医的进一步发展，特别是人体科学的兴起，医易结合正重新引起人们的重视。

《周易》与中医的连接点主要包括以下方面：

第一个连接点是“天人合一”的思维模式。成书于战国期间的《黄帝内经》以《周易》的

“天人合一”模式为基础建立其医学基本理论，在《素问·天元纪大论》中提出“天有五行御五位，以生寒暑燥湿风；人有五藏化五气，以生喜怒思忧恐”“在天为玄，在人为道，在地为化”的医学思想，为其五运六气、脏腑经络等具体医学学说提供了理论基础。以后的各派医学家在理论上大抵未曾越出这一范围。

第二个连接点是阴阳五行观。《周易》有“一阴一阳之谓道”的学说，《黄帝内经》的《素问·天元纪大论》亦认为：

> 夫五运阴阳者，天地之道也，万物之纲纪，变化之父母，生杀之本始，神明之府也。

并具体列出五行相生、五行相克及五行乘侮、制化规律。汉代医学家张仲景依《黄帝内经》的阴阳学说，准《周易》的变化之道，撰《伤寒论》，分出太阳、阳明、少阳、太阴、少阴、厥阴六种症候群，称为六经，对后世医学家影响极大，而

《伤寒论》也成为中医临床医学的主要经典。明代医学家张景岳在他撰写的《类经图翼》中主张“天人一理者，一此阴阳也；医易同源者，同此变化也”，进一步发挥了《周易》的阴阳学说，认为：

> 凡万物化生，总由二气：得乾道者，于人为男，于物为壮；得坤道者，于人为女，于物为牝。乾类属阳者多动，坤类属阴者多静。

且在《周易》首乾重阳思想的启迪下，倡举以阳为主的医学思想，在命门的阴阳互根、阴阳相引等治疗原则方面，颇多发明，对以后的医家有一定的影响。

第三个连接点是运气学说。运气学说同《周易》的阴阳五行学说及甲子术相结合，早在《黄帝内经》中已形成完整的体系。《周易》卦象以阴爻和阳爻为基本符号，阴阳生化，演为六十四卦。运气学说吸收《周易》的阴阳变易学说，配以六十甲子周期，将天干往复轮周六次，地支往复轮周五次，如《素问·天元纪大论》所谓“天以六为节，地以五为制”，构成运气学说的基本格局。依此格局，在掌握天时规律的基础上，分大运、主运、客运、主气、客气、客主加临等加以推算，可以有效预测每年气候变化及发病情况。这一格局在经络学、针灸学方面，则形成子午流柱、灵龟八法等中医时间疗法。

第四个连接点是脏腑学说。《易·说卦》原有“乾为首，坤为腹，震为足，巽为股，坎为耳，离为目，艮为手，兑为口”的八卦分类。明代医学家张景岳在《类经附翼》中认为：

> 乾为首，阳居尊上也；坤为腹，阴户容物也；坎为耳，阳聪于内心；离为目，阴明于外也；兑为口，折开于上也；巽为股，两垂而下也；艮为手，阳居于前也；震为足，刚动于下也。

将《周易》六十四卦分别比附人体脏腑。

从清代至民国，医学家唐宗海、何仲皋等亦据《周易》卦象对中医脏腑学说有所发挥，使《周易》卦象与中医脏腑学说更加精密地结合起来，为中医诊治学提供了一个邃密的具象系统。

(二)《周易》与气功

气功，古称"存思""吐纳""内丹"等，主要通过心念存想、调整呼吸、运动肢体等方法来采集外界真气，激发自身潜能，从而达到祛病延年的目的。在中国古代，道教和儒家都有各自的气功修炼方法。

《周易》与气功的关系亦早有人进行过研究。东汉丹道家魏伯阳撰写的《周易参同契》，假借《周易》卦爻象以喻道家内丹术的修炼过程，第一次在严格意义上将《周易》和道教内丹气功结合起来，并由此奠定了道教气功与《周易》相互印证、互相会通的基础。北宋丹道家张伯端开创的南派丹法，便是沿着这一系统下来的。五代末、北宋初，易学家、丹道家陈抟继承民间秘传的河

丘处机像

图、洛书、《太极图》等易学秘籍，兼采儒道两家的精义，倡导“先天易学”，并依此作《无极图》（又称《丹道逆生图》），以《周易》的符号图像厘定内丹的气功修炼步骤。此后，中国儒、道两家的气功修炼，基本上不出魏伯阳、陈抟所述的范围。

金元之际，全真教兴起，除进一步会通佛家禅定方法外，郝大通（1140—1212）、丘处机（1148—1227）等人，均依《周易》象数建立其气功丹道的理论体系和修炼模式。清代，《周易》

与内丹气功的结合更为精致、邃密，其中影响较大的著作有伍冲虚、柳华阳的《伍柳仙踪》和刘一明的《周易阐真》等。进入现代以来，随着人体科学的兴起，《周易》与气功的相互关系问题，开始在世界范围内受到关注，国内外不少人已着手对其进行科学实验。

从历史上看，《周易》与气功的主要连接点在于《周易》的卦爻象数方面。东汉丹道家魏伯阳取京房纳甲法喻示气功丹道中阴阳二气的消长，他在《周易参同契》中称：

> 三日出为爽，震受庚西方。八日兑受丁，上弦平如绳。十五乾体就，盛满甲东方。
>
> 七八数已讫，屈折低下降。十六转受统，巽辛见平明。艮直于丙南，下弦二十三。坤乙三十日，东北丧其朋。节尽相禅与，继体复生龙。壬癸配甲乙，乾坤括始终。

按此说，阴历每月初三，新月始出于西，震纳庚，喻示内丹气功中的一阳初生；初八，上弦日出于南，兑纳丁，阳气上升至中途；十五满月生于东，乾纳甲，阳气上盛于上丹田；同理，十六，月轮微缺于西，巽纳辛，阳中一阴始生；二十三，下弦月现于南，艮纳丙，阳气下降至中途；三十晦月现于东，坤纳乙，阳气尽消，复归于下。

此后，儒道气功中各种小周天法，即是取法于这一周天循环模式。如宋儒邵雍便以人体顶部为乾、腹部为坤，认为走小周天时，阳气运至头顶天风《姤》卦时守月窟祖窍穴，运至下腹地雷《复》卦时守天根尾闾穴，并作诗云：

> 乾遇巽时观月窟，地逢雷处见天根，天根月窟闲来往，三十六宫都是春。

以后道教内丹法如伍冲虚、柳华阳一派的小周天法，亦是立足于《周易》阴阳之道对此周天循环模式的发展。

其次，易数的空间方位象征对气功丹道也有

一定影响。北宋丹道家张伯端主张炼精化气，认为：

> 三五一都三个字，古今明者实然稀。东三南二周成五，北一西方四共之。戊己自归生数五，三家相见结婴儿。①

按河图："一与六共宗居乎北，二与七为朋而居乎南，三与八同道而居乎东，四与九为友而居乎西，五与十相守而居乎中。"张伯端用河图数释丹家之说，以南方二数配火属神，东方三数配木属魂，两数相加为五；西方四数配金属魂，北方一数配水属气，两数相加亦为五；西方四数配金属魄，北方一数配水属气，两数相加亦为五；中宫原为五数配土属意。如此三五致一，则魂魄精气神凝结为一，是为三家相见，而成先天一炁。以后道教南派丹家，颇多沿用这一模式，用易数象征意

① （宋）张伯端：《悟真篇》卷三。

义来构造自己内丹的功法体系。

此外，《周易》的宇宙生成图式对儒道气功进一步完善“天人相应”的修炼也有很大影响。唐代《上方大洞真元妙经》中已有太极先天之图。五代末北宋初，陈抟结合自己内丹气功修炼的实践，仿照太极先天之图作《无极图》，完整阐述道教内丹气功修炼的过程；且根据全图的五个宇宙生成层次，分别厘定内丹修炼的五个阶段：玄北之门（得窍）、炼精化气炼气化神（炼己）、五气朝元（和合）、取坎填离（得药）、炼气还虚复归无极（脱胎求仙）。陈抟的易道丹法，在道教气功中自成一派，颇具影响。北宋儒家周敦颐得到《无极图》，又顺而用之，有《周子太极图》（又称《太极顺生图》）传世，对宋明儒家的养气修心思想影响极大。

进入现代以来，自然科学家逐渐注意到人体作为一个小系统与宇宙这一大系统有多层次、多方位的相互联系和影响。因此，《周易》中的卦象方位、纳甲学说与宇宙能量流的关系问题开始引起多方专家学者的注意。

二、《周易》的“旁及”领域

《四库全书总目提要·经部·易类》说《周易》“旁及天文、地理、乐律、兵法、韵学、算术，以逮方外之炉火”，大多与术数有关。

数术，又称“术数”或“阴阳数术”，是以《周易》天人合一的理、象、数为其体，以各种占卜术为其用的古代“天人之学”中的一个组成部分。原先，在《汉书·艺文志》中，阴阳和术数被分成两个不同的派别；阴阳家是诸子十家之一，数术则另成一略。但细究两家之学，并无原则的区别，只是数术家偏于陈其“数”，阴阳家则重在明其“义”。《汉书·艺文志》详考两家的渊源所自如下：

> 阴阳家者流，盖出于羲和之官，敬顺昊天，历象日月星辰，敬授民时，此其所长也。
>
> 数术者，皆明堂羲和史卜之职也。

可见，数术与阴阳，最初当属同一门类，均源出古代天学而以星相历法为本，曾长于占测，但皆无涉于《周易》一系的卦爻象数。考古发现的殷商甲骨，也证明殷商之际，虽如《周礼》所言，有太卜掌“三兆之法”“三易之法”及“三梦之法”，但仍以龟卜为主。所谓“筮短龟长”，即是当时史卜之官比较诸家之术后得出的结论。战国末年，阴阳术数学发展迅速，已有一百余家不同流派盛行于世，按大类区分则有天文、历谱、五行、蓍龟、杂占、形法等等。这期间，最为著名的阴阳术数家当推邹衍。

邹衍（约前305—前240），战国末哲学家，阴阳家的代表人物。齐国人。稷下学士，历游魏、赵、燕等国，受到诸侯“尊礼”。提出“五德终始”说，认为王朝兴替、社会变动是“五行之

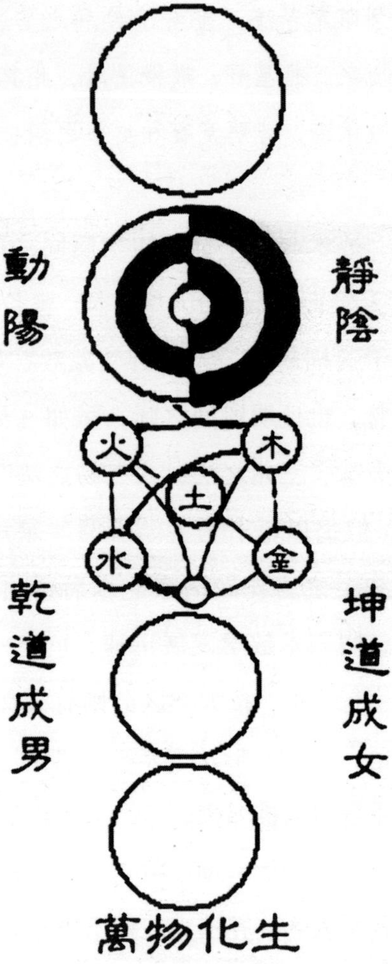

周子太极图

德”转移循环的结果，成为其后谶纬学说的源头之一。

两汉天下一统，儒学独尊，《周易》跃居群经之首，阴阳数术遂与《周易》卦爻象数相互融摄，《周易》象数派由此兴盛。一时，孟喜易学讲卦气①，京房易学讲纳甲，郑玄易学讲爻辰，均对术数学中的天文、历法内容有所采纳。其间，尤以京房纳甲法采天文、历法入易占，对传统《周易》的象占技术有所突破，于后世衍为《火珠林》一系的术数占卜流派，颇盛行于民间。

六朝以降，《周易》的象、数、理、占四部分内容具体而微地融入术数学中。古传“三式”的太乙②、六壬③、奇门三门占术，虽仍保持其独自

---

① 卦气：一种用卦爻表示一年十二个月、二十四节气、七十二候、三百六十五天的时间与天气关系的易学理论。

② 太乙：其法以天、地、人三才为主，配之以太岁、天日、计神、始击、太乙宫来推断吉凶。

③ 六壬：其法是以日干支为主，组成四课三传，配之以月将、诸神煞以占断吉凶。五行以水为首，十天干中，壬癸分别为阳水、阴水。舍阴取阳，六十甲子中壬有六个（壬申、壬午、壬辰、壬寅、壬子、壬戌），称为六壬。

的特点，但也多少染上了《周易》卦爻象数的色彩。

唐末五代，原本流传于道教内部的河图、洛书，由易学家兼方士的陈抟传出，遂开“先天易学”一派，主张“象由数定”，对三才、五行、八卦中“数”的关系尤为重视。“先天易学”一系，已与儒家所本的《周易》经传体系拉开了相当的距离。稍后的刘牧、邵雍等易学家，详推河洛之术，细究五行之象，八卦象数得以进一步与术数会通，传统术数中诸家占术的“数学”系统被推演得愈加邃密。另外，从术数一面讲，其时为求理论上的统之有宗、含之有元，也进一步采纳《周易》（特别是“先天易学”）的太极学说，遂形成以太极、阴阳为本，而以三才、五行为用的完整体系。至此，《周易》已经统摄诸家术数之学，其范围广及历法、星象、音律、气候乃至地理、医药等等，不限于传统的占术之术。

《周易》和术数的共同思想背景是中国传统的“天人合一”“天人相应”之说，两者的理论基础是古代的“元气论”。“元气论”以“元之一气”作为宇宙的本根和基质，所以又称“气性论”。从“元气”循序而言，则天、地、人三才均为“元气”所生成；气之清轻者为天，重浊者为地，人又禀天、地之气而生，同样是“共一元气”①。用《周易》的说法，便是太极生两仪，两仪生四象，四象生八卦的过程。正是基于这种三才一体、同一元气的共识，《周易》术数在天、地、人相感相通的整体宇宙观指导下，各自创造出一套完整的认识体系，且能相互会通，用以发现、预测和调整宇宙与人间相生相化、相制相克的数量关系及数字比例。进入现代以来，随着《周易》研究的逐步深入，学术界重又关注起《周易》和术数学问题，一部分民俗文化学的研究也已涉入《周易》占卜术的领域。

(一)《周易》与天文气象

天文学是中国传统科学技术中发展程度比较

① （汉）王充撰：《论衡·四讳篇》，《论衡注译》，中华书局，1979 年，第 1337 页。

高的一门科学，《周易》是最早的天文著作之一。中国古代天文学最主要的特点是“观象授时”，这也是《易经》产生的基础：“仰则观象于天。”《易·系辞上》说“易与天地准”，明确地指出了《周易》的创作与天文密切相关。

古代天文学的诞生与原始宗教活动有着密切的关系，从事占卜的祭司大都是当时精通天文知识的专家。天象在《易经》当中有丰富的反映。如《易·明夷·上六》：

> 不明，晦，初登于天，后入于地。

这是一次日食发生的记录。《易·丰》六二、九四爻辞“日中见斗”和《易·丰》九三爻辞“日中见沫”，是迄今所知世界上最早的太阳黑子的记载。

“天文”一词见于《易·贲·象》“观乎天文，以察时变”和《易·系辞上》“仰以观于天文，俯以察于地理，是故知幽明之故”等处。在

《周易》中，“天文”指的是天象，即日月星辰等自然现象的变化。天，天空，“文者象也”①。中国历史上的“天文”一词包括星象和气象两大方面内容，观察研究日月星辰的运动、变化与大气层内所发生的现象的天文学，是中国古代最发达的传统学科之一，其中部分内容与《周易》互为影响，具有密切的内在联系。

汉代易学直接以天文知识阐述易卦，形成了一系列著名的易学象数模式如卦气、纳甲、爻辰等。

卦气说真正形成了完整的卦象天文理论，它将六十四卦与一年中体现阴阳之气进退消长的四时、二十四节气、十二月、七十二候相互配合，将天文历法运用于易学研究，同时又促进了天文历法的发展。卦气说的特点是以《周易》卦象解说一年节气的变化，即以《坎》《震》《离》《兑》四卦依次主一年冬、春、夏、秋四季，再以

① 《淮南子·天文训》，何宁：《淮南子集释》上册，中华书局，1998年，第165页。

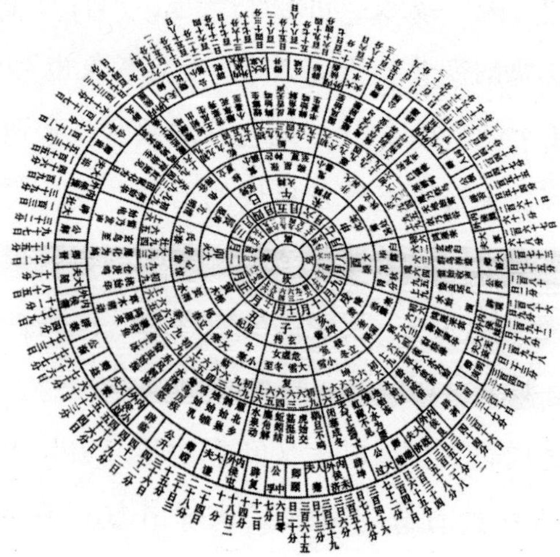

卦气图

此四卦的二十四个爻分主二十四节气。

《坎》卦初六爻主“冬至”，九二爻主“小寒”，六三爻主“大寒”，六四爻主“立春”，九五爻主“雨水”，上六爻主“惊蛰”。《震》卦初九爻主“春分”，六二爻主“清明”，六三爻主“谷雨”，九四爻主“立夏”，六五爻主“小满”，上六爻主“芒种”。《离》卦初九爻主“夏至”，六二爻主“小暑”，九三爻主“大暑”，九四爻主

"立秋"，六五爻主"处暑"，上九爻主"白露"。《兑》卦初九爻主"秋分"，九二爻主"寒露"，六三爻主"霜降"，九四爻主"立冬"，九五爻主"小雪"，上六爻主"大雪"。

每个节气分为三候："初候""次候""末候"，每候主五天，由此推出七十二候。再以其余六十卦分主一年三百六十五又四分之一日，每卦主六又八十分之七日。"卦气"说的实质"是以古人朴素的太阳历学，亦即以日学知识以解《易》"①。

汉代郑玄的"爻辰"说也是一种典型的以天文解《易》的学说，它以《乾》《坤》两卦十二爻为十二辰，以此分主十二个月：

> 《乾》卦的初九当"子"，为十一月；九二当"寅"，为正月；九三当"辰"，为三月；九四当"午"，为五月；九五当"申"，

① 刘大钧：《周易概论》，齐鲁书社，1986年，第168页。

为七月；上九当“戌”，为九月。《坤》卦初六当“未”，为六月；六二当“酉”，为八月；六三当“亥”，为十月；六四当“丑”，为十二月；六五当“卯”，为二月；上六当“巳”，为四月。

通过与星宿、五行、十二属相等相结合，解释卦爻辞的由来。“爻辰”说以星象解《易》，对于揭示《易·系辞上》说的“在天成象”和理解“天垂象，见吉凶，圣人象之”具有重要意义。

“纳甲”说也有十分丰富的天文知识，它以月亮的晦朔盈亏以象八卦，纳以天干以显示八卦的阴阳消息。

上述解《易》学说中虽有牵强附会之处，但其特点皆是以天文学为中心，强调日、月、星、辰与卦爻辞的关系，反映了当时人们对《周易》认识的思维定向，由此而形成的易学天文观念，对中国易学和古代科技均产生了重大影响。

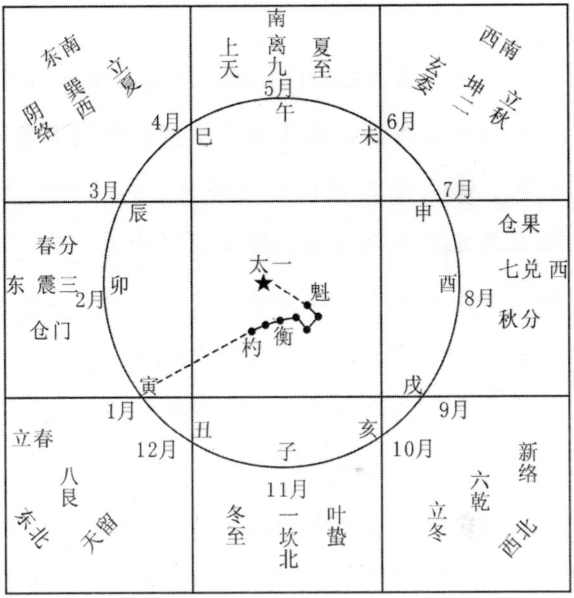

历法图

历法①是中国天文学的主要内容，它的发展与《周易》具有十分密切的关系。《隋书·律历

① 历法：为记录和计算较长时间序列，安排年、月、日、时计时单位时所依据的法则。一般分为三类：阳历（以地球绕太阳一周的时间为一年）、阴历（以月亮的月相周期为一个月，十二个月为一年）和阴阳历（如我国的农历）。

志》说：

> 夫历者，纪阴阳之通变，极往数以知来，可以迎日授时，先天成条者也。然则悬象著明，莫大于二曜；气序环复，无信于四时，日月相推而明生焉，寒暑迭进而岁成焉。遂能成天地之文，极乾坤之变。……至乃阴阳迭用，刚柔相摩，四象既陈，八卦成列。此乃造文之元始、创历之厥初者欤？

可见，易、历互透是中国天文和易学的一个突出特点。它不仅表现在《周易》本身包含着历法，如《十月历》①、《龙季历》②、《洛书历》③ 等，而

---

① 《十月历》：中国古代的太阳历。又称《彝族十月历》。它的使用年代在秦末汉初，每月分为三十六天整，不分大月小月，过完十个月后的五到六天，称为“过年日”。

② 《龙季历》：《周易》《乾》卦所反映的一种中国古代太阳历，又称《六龙历》。

③ 《洛书历》：以《周易》《洛书》为基础，包括空间方位、气象、节令为一体的综合性历法。

且反映在中国古代历法中具有强烈的《周易》投影，如《三统历》①、《乾象历》②、《正光历》③、《大衍历》④ 等。数是《周易》的基本要素，与历法具有深刻的内在关系。《易·系辞上》说：

> 大衍之数五十，其用四十有九。分而为二以象两，挂一以象三，揲之以四以象四时，归奇以扐以象闰。五岁得闰，故再扐而后挂。

---

① 《三统历》：史籍上第一部较完整的历法。西汉末年刘歆根据《太初历》修订而成。规定夏春正月为每年第一个月，一年有二十四个节气，以没有中气的月份为闰月。

② 《乾象历》：汉魏时代历法。东汉末年刘洪作。222年（三国吴大帝黄武元年）采用，直至吴亡。这是中国第一部考虑月球运动不均匀的历法。

③ 《正光历》：北魏孝明帝（元诩）神龟年间，合张龙祥、李兴业等九家历法而成的历法。正光三年颁用，至北周明帝二年止，共行三十六年。

④ 《大衍历》：唐代的一部先进的历法，为僧一行创制。从开元一年（729）起，施行了三十二年，包括平朔、望和平气、七十二候、太阳和月球的位置与运动，每天见到的星象和昼夜时刻，日食、月食和五大行星的位置。这种格式为后世沿用。首次提出“定气”概念，并用以编制太阳运行表。

天数五，地数五，五位相得而各有合。天数二十有五，地数三十，凡天地之数，五十有五，此所以成变化而行鬼神也。

乾之策，二百十一有六；坤之策，百四十有四，凡三百有六十，当期之日。二篇之策，万有一千五百二十，当万物之数也。

是故，四营而成易，十有八变而成卦，八卦而小成。引而伸之，触类而长之，天下之能事毕矣。

这段关于大衍之数的推衍，反映了一定的历法概念和数据，历来备受学者们的重视。汉代京房认为：

五十者，十日、十二辰、二十八宿也。

即“五十”由10（日）+12（辰）+28（宿）而得出。马融则认为：

《易》有太极谓北辰也，太极生两仪，两

仪生日月，日月生四时，四时生五行，五行生十二月，十二月生二十四气，北辰居位不动，其余四十九转运而用也。

也就是说，“五十”是1（太极）+2（两仪）+3（日月）+4（四时）+5（五行）+12（月）+24（节气）而得出的。刘歆在《三统历》中解释道：

元始有象，一也。春秋，二也。三统，三也。四时，四也。合而为十，成五体。以五乘十，大衍之数也。①

所以，从汉代起，“大衍之数”成了我国古代历法中的一个重要常数。同时，乾坤等数和万物等数也纳入制历的轨道。

在中国历史上，气象学是与天文历法共同产

① 《汉书·律历志》。

生和发展起来的，因而《周易》中的部分气象学思想具有与天文历法综合表述的特点。在《周易》八卦取象的自然背景中，气象也是其重要的因素。如乾象征天空大气对万物的影响："大哉乾元，万物资始，乃统天，云行雨施，品物流形。"离象征着气温和太阳辐射，《易·说卦》所谓"离为日""日以烜之""离为火""燥万物者勿熯乎火"。坎象征着雨水，《易·说卦》所谓"坎者，水也""雨水润之""润万物者莫润乎水"。巽象征着风和大气的环流，《易·说卦》所谓"巽为风""风以散之""桡万物者莫疾乎风"。震象征雷，《易·说卦》所谓"震为雷""雷以动之""动万物莫疾乎雷"。兑象征着湿度和对万物的滋润，《易·说卦》所谓"兑为泽""兑万物者莫兑乎泽"。

对于这些气象因素，《周易》不仅指出了它们的运动性，还特别强调彼此间协调与平衡的气象条件对万物的影响，如《易·说卦》说：

水火相逮，雷风不相悖，山泽通气，然

后能变化，既成万物也。

在中国古代，八卦与八方、四时、二十四节气等相结合后，形成了富有中国特色的气象学理论与解释天气现象的方法。特别是象数派易学家们提出了“卦气”“十二消息卦”①、“纳甲”等学说，集中体现了《周易》与气象的联系，此举不仅将气象学内容纳入了易学研究领域，而且《周易》与气象学的结合，对中国古代气象学的发展产生了积极的指导作用，并具有很强的社会应用价值。所以，《周易》中的八卦和六十四卦、太极、河图、洛书，不仅具有表达有关气象要素特征的功能，同时还有总结气象规律、预测气象变化的实用性作用。

此外，《周易》的阴阳学说为人们认识复杂的

① 十二消息卦，六十四卦中的《泰》《大壮》《夬》《乾》《姤》《遁》《否》《观》《剥》《坤》《复》《临》十二卦称作“十二消息卦”，分属农历一至十二月。其中，五月至十月，叫作“消”，指阳气渐渐消散；十一月至来年四月，叫作“息”，指阳气渐渐生息壮大。

天气现象提供了一个兼有归纳和推理的思维模式，是人们解释风云变幻的重要思想基础。在中国古代，人们一般以阳气代表暖空气，阴气代表冷空气，认为阴阳两气（即冷、暖两种性质不同的气流）的对立斗争和阴阳消长，产生了各种不同的天气现象。

在中国古代气象学中，物候学是其重要的组成部分，它主要研究生物的生命活动现象与季节变化的关系，故又称生物气候学，与《周易》八卦有着密切的对应关系。《易·说卦》总结道：

> 万物出乎震，震东方也。齐乎巽，巽东南也；齐也者，言万物之洁齐也。离也者，明也，万物皆相见，南方之卦也。……坤也者，地也，万物皆致养焉，故曰致役乎坤。兑，正秋也，万物之所说也……坎者，水也，正北方之卦也，劳卦也，万物之所归也……艮东北之卦也，万物之所成终而所成始也。

这里将卦象与方位和季节相结合所反映的物候状态，正是对生物萌发、生长、旺盛、成熟诸阶段的描述。因此，古代许多学者运用八卦的方位、四时与节气学说，对物候的季节性变化做了记录和说明。在唐代僧一行编制的卦气表中，对物候与卦象的对应关系做了全面描述，从中可以看到许多动植物的季节性状态变化。物候是中国古代农业生产的重要依据，因此，易学物候观在历史上具有积极的社会应用价值。此外，《周易》学说在现代气象学研究中也具有积极的指导作用。

（二）《周易》与风水术

《四库全书总目提要·经部·易类》讲“易道广大，无所不包”，旁及天文之后就是地理。这里的地理是什么意思呢？

中国古代学术讲的地理主要有两层含义：一是土地的环境形势，二是研究地球表面现象、行政区划等情况的科学。可见，研究土地的环境形势的地理方术即风水学是中国古代地理学的重要内容之一。风水术是中国古代方术的重要组成部分，同时也是中国传统文化的重要内容。风水术通常又被称为堪舆、青乌术、青囊术、地理、相宅等。“堪舆”一词，最早见于《史记·日者列传》：

> 孝武帝时，聚会占家问之，某日可娶妇乎？五行家曰可，堪舆家曰不可，建除家曰不吉，丛辰家曰大凶，历家曰小凶，天人家曰小吉，太一家曰大吉。辩讼不决，以状闻。

何为堪舆？说法不一。一曰堪为天，舆为地，堪舆即指天地。《淮南子》许慎注曰：“堪，天道也；舆，地道也。”《汉书·扬雄传》颜师古注引张宴曰：“堪舆，天地总名也。”一曰堪即突的意思。《说文·土部》：“堪，地突也，从土，甚声。”所以有人认为“堪”为高处，“舆”为低处。此外，“堪”还通“勘”，指勘察，因此堪舆即相地之义。而汉代学者所说的堪舆往往是指神怪。《汉书》卷八十七扬雄《甘泉赋》注引孟康曰："堪舆，神名，造图宅书者。"这里的堪舆即指发明住宅风水书的神怪之名。

"青乌"得名于汉代相地家青乌子，亦称青乌先生。"青囊"得名于晋代文学家和训诂学家郭璞(276—324)所著的相地书经典《青囊经》。

"地理"是与"天文"相对而言的，理与文同义，指文理、脉络、变化规律，如《易·系辞上》云：

> 易与天地准，故能弥纶天地之道，仰以观于天文，俯以察于地理，是故知幽明之故。

唐孔颖达疏云：

> 地有山川原隰，各有条理，故称理也。

古代的《地理大全》《地理正宗》都不是近代意义上的地理学，而是风水学。但是，在中国民间，多称之为风水，而把持此职业的人称为

“风水先生”。

风水，作为一个特定的术语，托名郭璞的《葬书》最先给它做了解释：

> 葬者，乘生气也。气乘风则散，界水则止。古人聚之使不散，行之使有止，故谓之风水。风水之法，得水为上，藏风次之。

清人范宜宾在注郭璞《葬书》时对此做了进一步解释：

> 无水则风到而气散，有水则气止而风无，故风水二字为地学之最重，而其中以得水之地为上等，以藏风之地为次等。

“风”因“水”而藏，因此相地的关键是“藏风得水”“因水聚气”。

风水通常包括相宅、相墓两方面内容。郭璞的定义是把风水看成有关“葬者”的事宜，而忽略了风水还包括“生者居住”这一重要内容，无疑失之偏颇。实质上，风水是中国历史上有关天地人关系、有关阴宅和阳宅的地理方术。去除迷信的成分，风水其实是一门关于环境选择的学问。

风水作为一门“环境选择”的学问，经历了从萌芽、产生、发展到最后定型的阶段；而作为一种文化现象，风水同样经历了从无形到有形、从经验总结到系统知识的发展过程。

先秦是风水思想的萌芽时期，秦汉魏晋是风水理论初步形成时期。在这个时期人们已将阴阳、五行、八卦的思想紧密结合起来，构成了对宇宙总体构架的认识，而这个构架对风水的意义就是使风水逐步从卜宅、相宅活动升华到理论阶段。《周易》的阴阳、八卦学说对风水学产生了重大影响。风水在这一阶段最大的特点是：有名有姓，并有具体史实可考的风水家登上历史舞台。其中最具代表性、对后世影响最大的是管辂和郭璞。

管辂（209—256），三国魏术士。字公明。平原（今山东平原县西南）人。从郭恩读《易》，精于卦筮，颇有声名，著有《周易道是诀》二卷、《周易道灵要诀》一卷、《周易林》四卷，今皆佚。

后人托名郭璞所作的《葬书》（又名《葬经》）历来被推为风水术的经典之一。根据史学界的考证，《葬书》非郭璞所著已成定论。学术界比较一致的看法是，现在所见的《葬书》大约成书于唐宋年间，但其思想来源于魏晋南北朝以来的望气理论和把脉理论。

《葬书》首次提出了“风水”的概念，其主要理论以阴阳为根本，以“生气说”为核心，以“藏风得水”为条件，其目的是获得一个理想的生态环境。这时的风水显然具备了明确的思想体系，《葬书》就是风水发展的一个里程碑。

唐宋是风水理论的发展定型时期。在这个时期，风水大发展的标志是：有理论建树的风水人物增多，风水流派形成，《宅经》等理论著作大量出现，风水和儒、佛、道的融合，等等。

杨筠松，风水形势派宗师。传闻杨筠松本名

益，字叔茂，祖籍窦州（今广东信宜县）。唐僖宗时封他为国师，掌管灵台地理事。著有《三龙经》（《龙髓经》《疑龙经》《辨龙经》），是风水术的代表作，奠定了风水理论，受到后代风水师的尊崇。

杨筠松的风水思想以强调“山龙脉络形势”为主，开创了后世风水的“形法派”。该派理论以阴宅为主，阳宅则多借用阴宅之说。

赖文俊，江西宁都人，曾文辿之婿。世称布衣，为江西派的第三代传人。著《绍兴大地八钤》及《三十六钤》，分龙、穴、砂、水四篇各为之歌，今佚。后世托其名的风水名作有《催官篇》等。

赖文俊风水理论的重点是方位八卦和阴阳气说，创立了“理气派”。该派主要讲究宅法原理。

明清是风水理论的进一步阐述和总结的时期。这一时期的风水的发展主要表现在：风水活动遍及民间乃至皇室，不仅研究性的理论著述增加，而且各分支体系的理论思想也更为发达。风水的两个分支体系“理气派”和“形法派”在晚明时期有较大发展，人们在研究前人理论的基础上，又有了新的发挥和阐述。

看风水，看就是观察、选择，看风水的目的就是选择最适合的环境以趋吉避凶，其指导原则全部来源于《周易》。为什么这样说呢？

首先，根据《周易》天人合一理论看风水。《周易》高度强调天人合一，所以看风水首先要以“天时地利人和”为准则。符合“天时地利人和”三者的是吉气，吉气场是最适合人类的，是气顺、气聚、气乘之地。与此相对，死气则是要避开的，死气是什么？指气散、气逆、气乱的环境。所以看风水要达到趋吉避凶的效果，关键在于要会区分生气和死气。风水学里的形势派，主要关注山形的走势、水流的分布、气的流行等，讲究背有靠山，实际上完全是从中国地理形势出发来选择宜居的环境，因为靠山能够挡住从北面而来的季风。

其次，根据《周易》阴阳理论看风水。看风

水要根据阴阳平衡理论，看山水的分布是否协调，总原则是阴阳协调。山为阳，水为阴，看山水的分布是否协调也是看阴阳是否协调，天为阳，地为阴，所以要天气、地气协调，也就是天气充沛，地气不乏，天气与地气的关系正如风水家所说“气之阳者从风而行，气之阴者从水而行”。所以看风水，实际上就是看某一个空间环境的阴阳状况，包括阴阳之气的多少、聚散、顺逆、行留等。

天地是一个阴阳合和的整体，人体也不例外，是一个阴阳相合的小整体，如《易·系辞下》说：

> 阴阳合德，而刚柔有体。

就是说，人体这个小宇宙的阴阳和天地大宇宙的阴阳不断地保持着动态平衡，人的阴阳平衡有赖于外界环境的阴阳平衡。因此，选择一个有助于人体与外界阴阳协调的环境居住，对人的健康长寿当然有益。风水学中的合理内核，正是《周易》阴阳理论的体现。风水学要求人居之地宜选择山环水抱的环境，面南向阳住宅，无非是取其阴阳协调、刚柔相济，使人体这个宇宙阴阳合体，更能适应外界的大阴阳合体，从而达到天时地利人和的最佳时空状态。因此看风水要根据《周易》阴阳理论，选择阴阳平衡、和谐的环境，这是看风水的宗旨。

阴阳、动静、刚柔是否协调是风水的“魂”。看风水首先要看山与水，就是因为山为阳，水属阴，阴阳和谐的山水，风水才佳。风水罗盘的内层是太极阴阳合抱，以作为阴阳气场和阴阳方位的选择标志，正是体现了《周易》阴阳平衡理论在风水学中的核心地位。

再次，根据《周易》的气理论看风水。《易·系辞上》说：

> 精气为物，游魂为变。

意思可以理解为大自然中的气在不停地变化着，这气包括阳气和阴气，它呈现着阴阳盛衰变化和阴阳消长转化情况。选择气场，就是要选择阴阳之气的多少、聚散、逆顺和行留，比如选择气场最好的地方建房、安床、放桌等，这对人的心理及生理来说都是有益的，尤其人经常在的地方一定要挑选气最好之处，这是合理的，也是风水学的合理内核。

风水学选择气场，更应以《周易》的阴阳气化理论为依据。比如根据《周易》的阴阳盛衰理论，结合洛书的后天八卦的方位，测得某一空间环境的阴阳盛衰分布状况，再根据人体的阴阳盛衰状况，选择最适合自己的方位置床、布桌，如阳长阴消的方位是阳气最盛也是最具有生气的位置，则宜放写字台、办公桌之类，取其能充分获得阳气，尤其对阳虚之人更适用。反之，阴长阳消的地方，阴气最盛，阳虚之人就不大合适。

最后，利用《周易》的太极、洛书、八卦等思维方式看风水。风水学纳入了太极、洛书、八卦等，由于这些范畴集中地反映了《周易》的阴阳气化原理，体现了阴阳之气的盛衰变化及阴阳

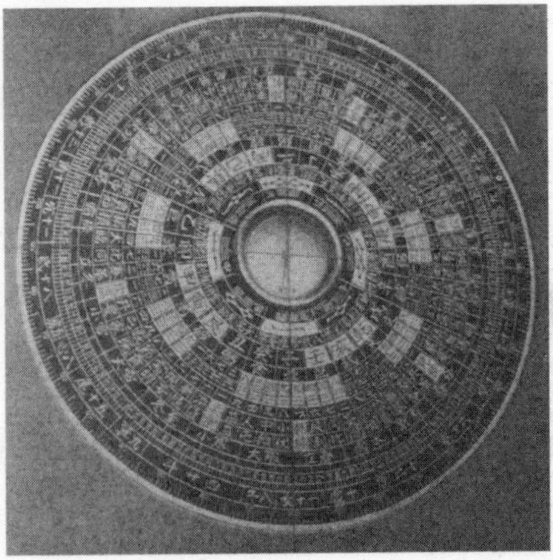

罗盘

消长理论，因此为人类选择环境气场提供了合理性参考。风水罗盘就是以后天八卦和洛书的数字相应，再与方位相配合，再纳入干支和九星而成的。其中的八个方位分别被命名为生气、延年、天医、优位、绝命、五鬼、祸患、六煞，八个方位各有其吉凶状况的描述，从而构成了传统罗盘堪舆学趋吉避凶的主要根据。

风水罗盘可以说是一个包罗万象的工具，中央的位置代表了太极，周围的各个圈圈，有天文的、地理的、时间的、空间的，把环境中的各个因素都包括了。不过它用的是“符号”思维，符号就是五行八卦、天干地支等。利用这个罗盘，我们可以判断某一个具体环境的气的状态及其变化的趋势，然后再依据某个人的具体情况考虑什么方位、什么时间、什么构造对此人是适宜的。而我们知道八卦、六十四卦是《周易》的符号系统，汉代京房创立纳甲筮法之后，《周易》又通过天干地支等与天地万物加强了联系，所以风水似乎离不开《周易》，从风水罗盘的构成上就可见一斑。由此可见，风水与《周易》有非同一般的“亲密关系”。

(三)《周易》与音乐

易学在中国传统音乐领域里的延伸和应用，大体上可以区分为两个相关的方面：音乐理论的发挥和乐律的制定及音乐创作。

中国古代音乐理论的发挥至晚可以追溯到战国时期，即公孙尼子写作《乐记》和战国末期思想家荀子（约前313—前238）写作《大乐赋》的时代。公孙尼子是孔子七十二弟子之一，他在《乐记》中，依据《易传》天地定位、阴阳相感的原理表述了“礼乐合”的音乐观：

> 如此，则乐者天地之和也。化不时则不生，男女无辨则乱升，天地之情也。及夫礼乐之极乎天而蟠乎地，行乎阴阳而通乎鬼神，穷高极远而测深厚。乐著大始，而礼居成物。著不息者天也，著不动者地也，一动一静者天地之间也，故圣人曰礼乐云。

这种着眼于人道教化的音乐文化观对秦汉之际的乐论影响极大，如荀子《乐论》：

> 且乐也者，和之不可变者也；礼也者，理之不可易者也。乐合同，礼别异。礼乐之统，管乎人心矣。穷本极变，乐之情也；著诚去伪，礼之经也。

此外，《吕氏春秋》的一些论乐专篇（如《适音篇》《音初篇》）和《淮南子》上的一些篇章，都在不同程度上援引《乐记》而加以推衍。此种礼乐合一的学说就成为尔后儒家所津津乐道的“乐教”，以及律历家“律历合一”的理论基础。而溯其源，则可以看作儒家易说在音乐领域中的运用和延伸。

中国乐制的系统化和乐理学体系的建立亦可以追溯到先秦时期，而至秦汉之际日臻完备。《吕氏春秋·大示篇》云：

> 音乐所由来者远矣。生于度量，本于太一。太一出两仪，两仪出阴阳，阴阳变化，一上一下，合而成章。

通篇以乐阐易理。

汉代易学兴盛，不少大易学家如京房、扬雄都精于乐律。京房创六十律，乃十二律之推衍。十二律分阴阳两类，六阳类为黄钟、太簇、姑洗、蕤宾、夷则、无射，六阴律为大吕、夹钟、仲吕、林钟、南吕、应钟，而六十律为十二律之变。京房解说道：

> 夫十二律二变至六十，犹八卦之变为六十四卦也。宓牺作《易》，纪阳气之初，以为律法。

即是说“律”数和“历”数是一致的。因此京房又说：

> 以六十律分期之日，黄钟自冬至始，及冬至而复，阴阳寒燠风雨之占生焉。（《后汉书·律历志》）

汉儒将律历一体化与先秦儒者礼乐合一的构思取向是一致的，即将乐或律纳入一个更大的思想和文化系统中，这个大系统就是易。因此，尽管汉儒关于律与历、律与易有种种不同的解释，或主“以律起历”，或认为“纳言”本于“纳甲”（实际的适用中律又本于历），而从宇宙论的立场对乐律做整体的把握和运用则是两者的共同之处，后来发展为中国传统乐律学的范式。

直至明万历年间，乐理学家朱载堉著《乐律全书》（包括《乐理融通》《律学新说》《算学新义》《律吕精义》），发明“新法密律”即十二平均律，从物理统计的角度确定律数，开始对笼罩于传统乐律学上的玄学迷雾有所澄清，但基本上仍遵循《周易》乾、坤十二阴阳爻而创建，可见中国传统乐律学受易影响之深。到了清代，虽有焦循、惠栋等深研律吕之义，但多为按图索骥之作，对实际的音乐创作并无积极的影响。

（四）《周易》与兵学

《易经》中有关战争的爻辞共十一条，计《师》卦两条、《谦》卦两条、《复》卦一条、《同人》卦两条、《晋》卦四条。

第一条："师出于律，否臧凶。"① 即出师作战必须纪律严明，否则就要遭受失败。这条爻辞表达了军队纪律的好坏对于战争胜负具有决定性意义的观点。

第二条："长子帅师，弟子舆尸，贞凶。"② 这可能是反映上古某次战争的故事：长子为将，帅师出征，次子助之，结果大败，次子载长子之尸而归。这是条事实性的记述。

第三条："伏戎于莽，升其高陵，三岁不兴。"③ 即我设伏兵于草莽之中，主力登上战场的高地，敌人进入埋伏圈，我军居高临下地予以冲击，伏兵予以袭击，截杀。于是敌军大败，以致敌国元气大伤，三军不能振作。这是对上古某次战争的描述，强调了战败对国力的影响。

第四条："乘其墉，弗克；攻，吉。"④ 本条

---

① 《易·师·初六》。
② 《易·师·六五》。
③ 《易·同人·九三》。
④ 《易·同人·九五》。

通过战争攻守现象的描述，提示了一个重要的战术原理：我军登上城墙之时，敌军虽未退，但敌军必定是心慌意乱，我军应抓住时机征服尚在顽抗的敌人。如稍事停歇，守军就会恢复常态，打击我登上城墙的士卒，并抢修防御工事。

第五条：“不富以其邻，利用侵伐，无不利。”① 这是一条对战争经验具有初级概括性的爻辞，对后来的军事理论家有所启发。

第六条：“鸣谦，利用行师征邑国。”② 这是将名声好当作胜利的条件。它启示了军事家们从交战双方的军事势力与指挥艺术之外去考察影响胜负的其他因素。

第七条：“迷复，凶。有灾眚。用行师。终有大败。以其国君凶。至于十年不克征。”③ 本爻辞记述了行军迷路的危害。

第八条：“晋如，愁如，贞吉。受兹介福，于

---

① 《易·谦·六五》。
② 《易·谦·上六》。
③ 《易·复·上六》。

古代战争画像石

其王母。”① 此条纯粹是述说有关战争的故事作为爻辞以占吉凶，本身没有兵学意义。

第九条：“众允，悔亡。”② 此言部队互相信任，亦即团结，灾殃就会消除。这条是具有重要兵学意义的总结，为孙武所继承和发展。

第十条：“晋如鼫鼠，贞厉。”③“悔亡，失得勿恤，往吉无不利。”④ 对后来的军事理论家研究“军心”“士气”有所启发。

第十一条：“晋其角，维用伐邑，厉吉无咎，贞吝。”⑤ 此条的意思是：进攻要首先比较敌我双方的力量，决定可否进攻。进攻的决策正确，进攻过程中仍会碰到灾殃。即如不比较敌我双方的力量，盲目地发动进攻也会遭受灾祸，体现了较高的战术学价值。

以上十一条中的十条有一定的军事学价值，

---

① 《易·晋·六二》。

② 《易·晋·六三》。

③ 《易·晋·九四》。

④ 《易·晋·六五》。

⑤ 《易·晋·上九》。

它保存了西周初年及以前的有军事学价值的资料，并为中国的兵学之祖——系统的军事理论著作《孙子兵法》所汲取。

中国古代的兵家多应用易理的阴阳变易于兵略。如中国古代著名兵家孙武、孙膑、吴起、韩

孔明像

信、孔明无不精习易理，并以《易》演兵取得了杰出的成就。《周易》的灵活应变、主动、主攻、

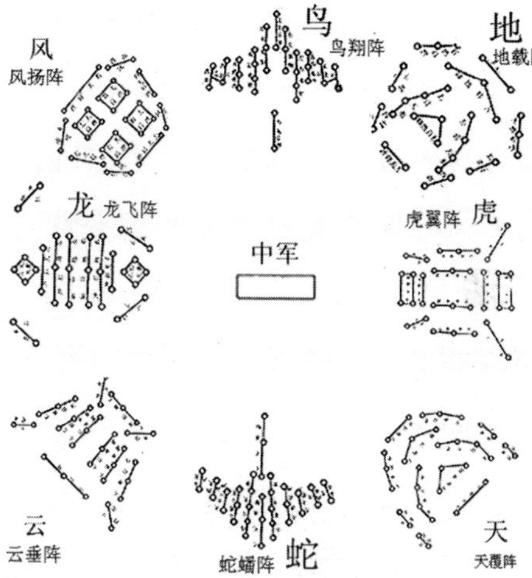

八卦阵

主战、不易擅守的兵法思想对后世兵家影响较大。

《易》以道阴阳，阴阳理论是《周易》的精髓，后世兵家大多精通易理，并把易理的核心——阴阳，包括刚柔、虚实、奇正等对立统一关系应用于用兵的策略之中，展示了阴阳理论在兵略中的威力。古代兵家的八卦阵即是以阴阳对立统一的原则组合的。八卦阵的奥秘，实际就是阴阳的对立统一关系的变化，八卦阵中的数学原理也是建立在阴阳消长的基础上，从而构成了阴阳对垒、虚实隐晦、刚柔相配、水火互济的八卦阵。八卦阵兵术是我国古代兵法的珍贵遗产，它包括八卦阵地势兵图及八卦阵队势兵术二种，二者皆取《周易》八卦阵容及《周易》善变特点，而各具优势。

（五）《周易》与音韵学

韵学，即音韵学，也称“声韵学”，全称“汉语音韵学”。研究汉语各时期语音系统及其演变规律的科学。其主要任务是对各个时期的汉语的声、韵、调进行分析，归纳类别，说明发音状态，探求其间的内部联系，进而总结不同时期不同系统之间的历史发展规律。音韵学与文字学、训诂学并列为汉语传统语言学的三大门类。它的兴起是由人们对语言的不自觉地运用发展到自觉加以认识的结果。东汉末年因注音的需要而产生了反切①，首先将语言的自然单位——音节离析为声母和韵母两个要素。魏晋南北朝为赋诗作文的方便而编出的韵书，是代表音韵学研究成果的音韵专著。此后韵图、音注相继出现，研究不断深入。到了清代则以研究古音为重点，音韵学取得了更系统、更科学的发展，达到了鼎盛阶段。

传统音韵学可分为研究周秦时期语言的古音学、研究唐宋语言的今音学和把音节排成韵图着重分析语音原理的等韵学三个部门。音韵学的诞生，为中华民族诗、词、赋韵文以及说唱文学的发展与继承奠定了坚实的基础。根据汉语音有声调特点，音韵学中就引进易理阴阳意识，不仅出现了阴平、阳平、阴调、阳调等术语，并依据女声尖细、男声低沉的特点，把方言中发音稍高的音定为阴调，发音比阴调稍低的定为阳调，还把

① 反切：我国古代注音方法之一。东汉末年出现。用两个字为一个字注音，即取上字的声（相当于声母）和下字的韵（相当于韵母和声调）拼成一个音，写作“某某反”或“某某切”。如“难，乃但反”，取“乃”的声母 n 和“但”的韵母和声调 an 拼 nan，就是“难”的读音。

顾炎武像

以［m］［n］［N］为韵尾的称为阳声，把韵尾是元音或没有韵尾的韵母称作阴声。清代学者戴震、孔广森、章炳麟还在此基础上专门研究上古汉语平上去声鼻音和不收鼻音的字互相押韵、谐声、通假的现象，提出阴阳对转理论。

明末清初学者顾炎武作《易音》，专门研究《周易》的用韵。清代学者江永著《音学阐微》，提出河图、洛书为声音之源说。

语音是语言的物质外壳，是语言的发生器（器者，气也）。语言是由音节成词，由词成句。词句均可表达出意思，但它的输出必须按汉语的语法规则进行。而汉语的语言结构，其基本的模式是易学的结构。现代汉语的音节一共是四百多个，每个音节都由声、韵两个要素组成，有人比喻为如石击水，产生声音（音节），每个音节又可以发生“阴平、阳平、上、去”的四声变化，因而构成一千二百个不同音质的基础。中国古代平上去入的四声变化都是由于发音人的情感变化、五脏气机的变化而引起的。南朝梁周颙（？—485）所著《四声切韵》歌云：

平声平调莫低昂，上声高呼用力强，去声分明哀悼远，入声短促即收藏。

汉语语音的声调不仅有区别语意的作用，而且有不同艺术摹写的功能。这套变化的理论，全部囊括于易学“二五之精，妙合而凝”的结构中。从语音的角度看：第一，有元音和辅音的阴阳对应，元音如潭，辅音如石，石水相激，生成音节；第二，音节有“平上去入”的四声变化，出现音节中的四象。

（六）《周易》与数学

由于《周易》特有的内容结构、符号的逻辑推衍与数字的变化规则使之具备了数学特性，为人们进行易学与数学的研究提供了客观前提。

在汉代，随着易学象数派的兴起和谶纬学流行，易学家在研究中开始涉及《周易》与数学的联系。尽管这种研究往往包含在象数派的学说之中，尚不具备独立的数学研究意义。易数包括天地之数、图书之数、大衍之数、先天卦数、后天卦数、天地范围数、八卦成列数。

易数对易学数学的影响莫过于大衍之数①。大衍之数，语出《系辞传》：

大衍之数五十，其用四十有九。

所谓“五十”，在中国易学史上至今无定说。现代学者认为，他实际上是运用一次同余问题的数学模型，并推导出元数：1、2、3、4；衍数：24、

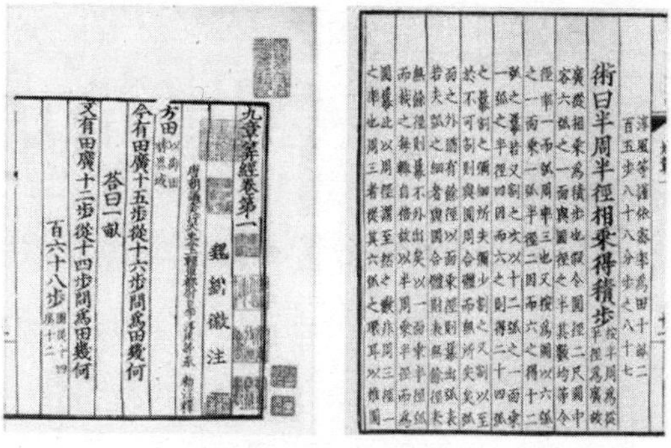

《九章算术》

① 参见陈居渊：《焦循儒学思想与易学研究》，齐鲁书社，2000 年，第 324 页。

12、8、6；用数：12、24、4、9。因此，诸衍数之和为：24+12+8+6=50，故称“大衍之数五十”。其用数之和为：12+24+4+9=49，故称“其用四十有九”。按照《周易》之理，筮人左右两手所分得策应一奇一偶，以象征阴阳；若以五十策分之为二，则不能合此要求，故不可以五十为“用数”，称之为“衍数”，以表示用蓍之“限率”而已。另外，郑玄提示的天地生成数和九宫数已具有数学意义，特别是九宫数成为世界上最早的纵横图。西汉末扬雄仿《周易》而创作的《太玄》提出了三进制计数法的符号系统。

汉以后，一些数学家也常常将《周易》与某些数学内容联系起来加以证明。如魏晋时期中国传统数学理论的奠基者刘徽（约225—295），在《九章算术注》中将八卦各赋予数字意义，然后用“九九算法”推导出六十四卦。此外，河图、洛书的图式也被用以说明几何学的三角定理与勾股定理。除了有人将数学附会于《周易》之外，易学的象数概念也被引进了数学之中，如秦九韶的

《求一术》、蒋周的《益古》、李文一的《照誉》、刘汝楷的《如积释锁》、李德载的《两仪群英集》，以及刘大鉴的《乾坤括囊》、杨辉的《续古斋奇算法》等书所讲的算术问题与方法，都受到了《周易》的影响。

宋代易学象数派推崇河图、洛书，并为河、洛制定了许多图式来说明易理。此举使"《周易》的符号体系达到了数学意义上的逻辑完美"①。特别是邵雍总结研究的易图体系成为后人开展数学研究的重要依据。

总之，中国古代《周易》与数学之关系的探讨主要是人们在卦象、数、图书的解说过程中反映出来的。

（七）《周易》与炼丹术

中国古代的化学成就主要是在道教炼丹术的发展当中体现的。《周易》对炼丹术的影响集中表现两个方面：一是"万物可变"的理论基础，二

① 董光璧：《易图的数学结构》，上海人民出版社，1987年，第15页。

是阴阳消长的操作原则。

易道关于宇宙运动变易与不易的规律性描述，是炼丹者从事这项活动的自然观基础，也给予他们参赞天地之化育的灵感，如东晋葛洪在《抱朴子内篇·黄白》中说："变化者，乃天地之自然，何为嫌金银之不可以异物作乎?"① 物美可变、变化无极的理念使道士们相信飞沙炼汞可得山丹、可作黄金。黄金和丹砂，一个永远不变化，一个变化奇妙，都不是草木五谷之类能比的，服食以后可以"假外物以自坚固"，汲取金丹的灵异性质，使肉体不休，长生成仙。

《周易》对中国古代化学的影响主要体现在对炼丹理论的指导作用方面。中国古代的炼丹术分"内丹"和"外丹"两类。"内丹"指的是气功养生术，"外丹"是适用炉、鼎、药物等进行炼制的一种方术，它是近代化学的先驱。炼丹术主要指外丹。从战国时期起，方士们为求"不死之药"

① （魏）葛洪：《抱朴子·黄白》，王明：《抱朴子内篇校释》，中华书局，1985 年，第 284 页。

开展了炼丹活动，至东汉魏晋时期，炼丹术的理论和方法由于运用了《周易》的思想，有了很大的发展，其主要成就是东汉炼丹家魏伯阳著的《周易参同契》。

该书是中国和世界上现存最早的炼丹著作，是魏伯阳在早期炼丹著作《龙虎经》的基础上运用《周易》思想写成的。《周易参同契》认为，《乾》《坤》二卦可代表“炉鼎”，乾在上，坤在下，阴阳变化皆在其间；《坎》《离》两卦可代表“药物”，它们分别指的是水与火、铅与汞等。《周易》六十四卦除此四卦外，魏伯阳又将其余六十卦作为“火候”，为此专门设计了一套包括阴阳消长、方位、时间、基数的方法，《周易》的符号框架在炼丹的实践中得到了充分的运用。

古代方士们认为“药物易知，火候难准”，因为它要涉及阴阳消长、方位、周天时间等问题，所以《周易参同契》援引《周易》建立了理论，来表达和区分“火候”的阴阳消长与升降。如将卦象与月相结合，以《震》卦表示阴历初三，

《兑》卦表示初八，《乾》卦表示十五，《巽》卦表示十六，《艮》卦表示二十三，《坤》卦表示三十。此外，还使用了十二个消息卦，表示一年十二月的阴阳消长。这套方法具体地指导了人们的炼丹实践，使人们获得了部分的物质变化的正确知识，如：水银易蒸发，也容易与硫磺相结合；氧化铅能被碳还原为铅；几种不同的金属可以炼成合金；汞矿石可以炼制成红色的硫化汞；等等。

在炼丹实践中，以《周易》阴阳学说为依据的“伏火”法是一项极为重要、应用十分广泛的措施。它是指在具体的炼丹操作中根据各种药料的阴阳属性，避免“独阴孤阳”，要“以阴制阳”，“以阳制阴”，使之阴阳交会，即“雄不独处，雌不孤居”①。所以，在“阴阳制伏”理论的指导下，炼丹家在化学实验中掌握了一系列控制物质特性的方法，如控制硝石的易爆性和水银的易挥发性，特别是发明了火药和人工合成的化合

① 《周易参同契》。

物氯化汞等。同时，炼丹家在《周易》尚象制器观念的影响下，发明了“既济炉”与“未济炉”等炼丹设备。

总之，《周易》思想对我国古代炼丹理论与实践的指导，均有重要的促进作用。它使人们逐渐认识了物质变化和自然界的规律，积累了大量的化学知识，在客观上促进了中国古代化学的发展，其中如火药的发明、单质砷的制取等，是走在世界前列的。

三、“《易》说愈繁”

按《四库全书总目提要·经部·易类》的“援《易》以为说”的说法，中国传统文化有三种情况：一是“近亲”部分关系最为密切，主要有中医、气功；二是“旁及”的部分，主要有《四库全书总目提要·经部·易类》提到的与术数相关的天文、地理、乐律、兵法、韵学、算术、方外之炉火即炼丹术；三是“《易》说愈繁”部分。

中国传统文化中文、史、哲是不分家的。经、史、子、集都涉及“援《易》以为说”的情况。到了现代，随着知识分类体系的建立，学者们运用各专业理论概念来阐述《周易》的趋势得到了加强，产生了一批新的论著和富有特色的学术成果。《周易》“无所不包”的范围更大了，包括历史、考古、军事、政治、哲学、宗教、逻辑、经济、文艺、音乐、管理、伦理方面的内容，仅科学易就涉及数学、现代物理学、化学、现代生物学、天文学、地震学、气象学、计算机及太极系列等。《周易》和整个中国文化的关系可以这样来描述：易道是大道之源，它呈放射状向外辐射，由“近亲”到“旁及”到“《易》说愈繁”，从而“无所不包”。因篇幅的关系，本书在这里只介绍以《四库全书总目提要》为代表的中国传统学术视野里“援《易》以为说”的情况。如果从现代学术的眼光看“援《易》以为说”的情况，那恐怕越出本书所说的范围了。

综上所述，《周易》是一部最能代表中国传统文化的元典，这是因为：《周易》集中体现了中国传统文化的基本精神和特质；《周易》与儒、道、佛的关系规定了中国传统文化的整体面貌是伦理—政治型文化，它集中体现了中国传统文化价值观的核心内容；《周易》作为大道之源，是对中国传统文化各领域“无所不包”的全面辐射。可以这样说，不了解《周易》就无法了解中国传统文化，想了解中国传统文化必须首先读懂《周易》。